商流・物流・情報流活用のための
プロモーション学

JN119470

編著 小塩 稲之／黒田 幸代

日本販売促進協会
MMPコミュニケーション

はじめに

　本書の基礎編である「基礎から学ぶプロモーションプランニング」の書籍では、マーケティングの視点から、消費者・顧客との様々なコミュニケーションの手法（広告、広報など）や、市場調査の手法、分析、商品企画・開発の基本などを学び、広義のプロモーションにおける、ものの見方、捉え方、考え方を学習しました。

　本書では、プロモーションの基礎」で学んだことを基に、最近の市場の変化を取り入れながら、消費者・ユーザーの購買心理・行動を理論的に整理する手法を学び、「商品、販売、販売促進、マネジメントマーケティング」を一貫した知識として習得していきます。

　本書の構成は以下のとおりです。

　Ⅰマーケティング編では、基礎編で学習した様々なマーケティング手法の根幹となる「コトづくり」理論について解説し、企業活動におけるマーケティングの位置づけを確認します。Ⅱプロモーション編では、社会情勢やメディアの変化を捉えながら新しいプロモーション・イベントのあり方を考えます。Ⅲ商品戦略編では、マーケティングの視点をベースにトレンド調査から商品戦略のテーマを導く手法と商品化の具体的な構成要素について解説します。Ⅳ店頭での販売促進編では、インストア・マーチャンダイジングをベースに計数知識も含めた小売現場のマネジメントマーケティングを学びます。Ⅴコミュニケーション・プレゼンテーションの基礎編では、ビジネス現場での実践を踏まえた交渉力と提案型プレゼンテーション技術を解説します。そして、最後に、Ⅵ販売促進の企画立案編では、マネジメントマーケティングのツールのひとつである「ＭＭＰワンシート企画書」について解説します。

　全てに一貫しているのは、実践のマーケティング理論です。自らがビジネスの現場に立っていることを思い浮かべながら考え、本書で学んだことを実践の場で役立ててください。

著者

目次

Ⅰ．マーケティング編

序章　モノづくりとコトづくり

マーケティングのたとえ話から。
　レブロン（化粧品会社）の創業者チャールズ・レブロンの言葉に
「工場では化粧品を作る。店舗では『希望』を売る」というものがある。

　女性は化粧品を使うが、『モノ』を買うのではない。美しくありたいという
『希望』を買っている。コンパクトの中の物質（モノ）だけではなく、贅を尽
くした容器や幻想を誘う広告によって、女性に『満足』（コト）を与えること
を価値としているからである。

「モノ」と「コト」の違い

　　「モノ」は、形のあるもの　⇒「有形」=製品

　　「コト」は、形のないもの　⇒「無形」=顧客に与えるベネフィット

　レブロンのたとえ話のように、売れる商品には、顧客を満足させる価値=「ベ
ネフィット」がある。

　「モノづくり」は「コトづくり」でもある。

　企業は、顧客に与えるベネフィット、ひいては、社会に役立つ新しい価値を
生み出す仕組みや仕掛けとして、「モノ」の機能と役割を創る「コトづくり」
を通して、自社の製品の「価値（ベネフィット）」を伝えることができる。

　また、「コトづくり」は、「あなたの商品と他の商品との違い、またはその商
品の考え方（コンセプト）は、何であるか」という問いが重要である。

第1章　マーケティングの基礎

1. マーケティングとは

　マーケティングとは
・ニーズとウォンツを満たすための交換プロセスによる人間活動（フィリップ・コトラー）
・販売を不要にすること（ピーター・ドラッガー）
※　ニーズとウォンツについて、ニーズとは、　ニース(needs)は、顧客の欲求や需要を意味するもので、その欲求や需要の目的を満たす、具体的な手段が明らかになっていない状態である。ウォンツ(wants)は、顧客の欲求や需要の目的を満たす手段が明らかで、具体的な商品やサービスを欲している状態である。

（1）マーケティングの定義
　マーケティングという概念は、１９世紀末から２０世紀初頭のアメリカで、企業が、「どうしたら、自社の商品をより多くの消費者・ユーザーに販売できるか？」を目的に、模索・研究・発展してきた考え方である。

　マーケティングの主な定義としては、
「企業および他の組織がグローバルな視野に立ち、顧客との相互理解を得ながら、公正な競争を通じて行う市場創造のための総合的活動である。」（社団法人　日本マーケティング協会，１９９０年）
「マーケティングとは、個人や組織の目標を満足させる交換を創造するための、アイデア・製品・サービスのコンセプト、価格、プロモーション、流通を計画し、実行するプロセスである。」（全米マーケティング協会ＡＭＡ：１９８５年）などがある。

これらの理論をまとめると、マーケティングとは、「企業が行う『顧客が真に求める商品・サービスをつくり、届ける活動』全体を表わす概念であり、市場創造のための一連の総合的活動」であると言える。

（2）企業活動と「市場」の視点
　企業が継続的に売上・利益を獲得するためには、提供する商品・サービスが売れる仕組みをどのようにつくるかが重要である。序章で論じた通り、「売れる仕組み」は顧客や社会に与える「ベネフィット」につながる。

マーケティングというと、市場調査やプロモーションなどの限られた部門の活動と捉えられがちだが、顧客や社会のベネフィットを企業活動の中軸とみなすならば、マーケティングは企業活動全般にわたり浸透するものである。

言い換えれば、すべての企業活動は、顧客・ユーザーとのコミュニケーション(情報の提供と収集)を通した「市場」の視点が出発点であるといえる。

（３）マーケティングとセリングの違い

①セリングとは

セリングとは、購入を検討している顧客に対して、営業員・販売員がセールストークなど販売技術で説得し、顧客が買う決断をするのを手助けすることで最終的に購入させることである。

従って、セリングとはセールス・プロモーション（ＳＰ）であり「マーケティング活動の一部」といえる。

②マーケティングとは

セリングが人の手を介して購入に結び付けるのに対して、顧客が商品を見て、自然に買いたい・買わずにいられないという状態を総合的に演出・作り出すのがマーケティングである。

セリングとマーケティングは違う。

身近な例として、普段買物しているスーパーマーケットや百貨店を思い浮かべてみよう。スーパーマーケット（セルフ販売）の店内を回っている時に、目に留まる（ＰＯＰ・大量陳列）、触れ易い（陳列位置）ことから商品を手に取った後、自然に購入した（マーケティング）という経験は多くあるだろう。また、百貨店でただ見ていただけなのに、店員に話しかけられて会話している（対面販売）うちに何となく買ってしまった（セリング）と感じたこともあるかもしれない。

このように、この２つはどちらが良いとは限らず、戦略的な見地から判断して活用するものである。

では、マーケティングの効果を次の実例から考えてみよう。

（設問１）

セルフ型量販店で実際に購入された商品のうち、来店後に決定されたのは何％位だと思うか?

（設問２）

　販促用にＡ４サイズのＰＯＰを作った。あなたなら床上何センチ位のところに張ると一番目立つと思うか？

（設問３）

　店舗側から、自社商品の陳列位置の変更を許可された。あなたなら床上何センチ位のところに陳列するか？その理由は？

（設問４）

　売場の陳列棚における商品陳列の最前面数をフェース数という。自社の同一商品のフェース数が倍増したり半減した場合の売れ行きの変化はどの位だと思うか？

【解答例・解説】

（設問1：解答例）

　各種アンケート調査の結果、セルフ型量販店では、９０％前後の人が店頭で購入商品を決めている。

　メーカーにとって、顧客の潜在ニーズを探るとともに、出来上がった商品が、顧客にとって欲しい・買いたいと思わせる演出・仕掛けが必要である。新製品の９７％が１年以内に市場から消えると言われているから、店頭マーケティングの理解と実践が、いかに重要かがわかる。

調査項目	流研/スピンHYKスタディ	流研/大槻調査
１、特定品目を計画していた	3.5%	13.0%
２、一般的に計画していた	15.9%	14.0%
３、代品として購入した	0.4%	0.9%
４、非計画買い（衝動買い）	80.2%	71.6%
合計（１＋２＋３＋４）	100.0%	100.0%
来店後の銘柄決定（２＋３＋４）	96.5%	87.0%

備考：１〜３の例（洗剤の場合）　１メーカー・商品を事前に決めていた
　　　　２事前に洗剤の購入は決めていたがメーカー・商品までは決めていなかった　３予定していたメーカー・商品を店頭で変更した

（設問2：解答例）

　退店後の来店客に対するアンケート結果、目の高さが一等地である。下記のグラフのようにＰＯＰの張る位置を「目の高さより上」から「腰から目の高さ」に変えるだけで効果は倍増する。ＰＯＰは、店頭で消費者の目線を止め、商品への関心を高めるとともに、テレビＣＭなどの記憶を呼び起こすという大きな効果がある。また、３センチの大きさの「店長のおすすめ品」ステッカーで売上が７３％アップしたとの例もある。ＰＯＰを理解する事が商品の売れ行きに大きな影響を与えることが分かる。

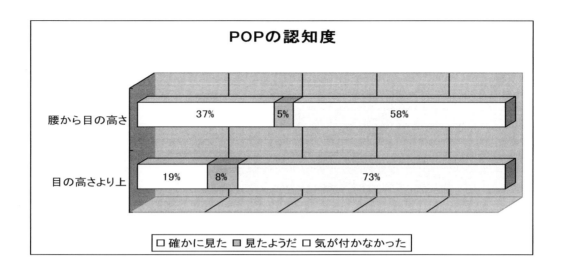

（設問３：解答例）

　床から９０～１４０cmに陳列した場合に、一番良く売れる事から「ゴールデンライン」といわれている。これは、平均身長が１５５cm前後である日本の主婦にとって、商品が最も見やすく手に取りやすい位置（買物かごのときは、肩から腰の位置、カートのときは、それよりやや下の位置）だからである。下の図表のように７段の陳列棚の場合、商品を１段目から５段目に移すと約４倍に、５段の場合、１段目から３段目に移すと約３倍に売れ行きが上がることが分かる。

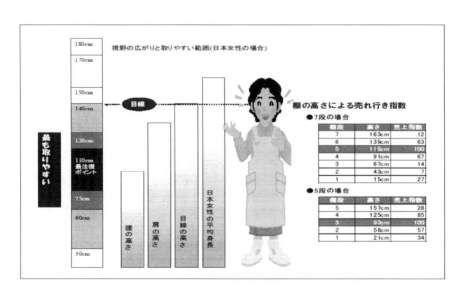

（設問４：解答例）

　一般的に、フェース数を倍増させると、その商品の売上が30～50％アップし、半減すると30～50％ダウンするといわれている。これは、フェース数が多い＝よ

く売れている商品、逆にフェース数が少ない＝人気の無い商品との消費者心理による影響が大きい。

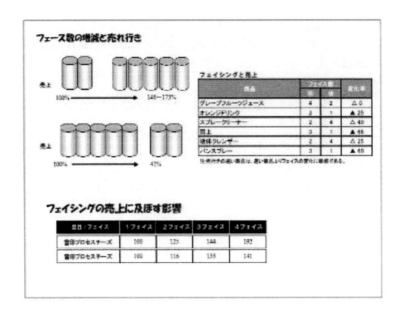

【解説】マーケティングの力
　セルフ量販店での店頭マーケティング事例から、マーケティング活動は消費者・ユーザーの購買心理・行動と深くかかわっており「マーケティングは心理学」であるともいえる。
　食品や雑貨など日用品の半分以上は、スーパーマーケットなどのセルフ型量販店で購入されている。そして、セルフ型量販店では、商品の約９０％が非計画買い（衝動買い）されており、商品の陳列状況によって、売れ行きが大きく変化している。
　データから見てとれるように、同一商品であっても売場の各種条件によって売れ方は異なる。「売れないのは、商品が悪いから。商品力さえあれば売れる。」との発想を抱きがちであるが、商品力だけでは、たとえ売れる商品であっても売れないこともある。マーケティング理論を学び実践することによって「売れない商品も売れるようになる。売れている商品は、より一層に売れるようになる」ことを覚えておこう。

II．プロモーション編

第1章　プロモーション・イベント

1．プロモーション・イベントの発展

プロモーション・イベント活動とは、
・消費者との「共感のメディア」として機能するものである。
・顧客と商品、店舗を結ぶメディア機能である。
・広告媒体（メディア）としての効果が大切である。

（1）成熟社会におけるメディアの変貌
　①自然災害と成熟社会

　日本においては、この半世紀の間に2度の大震災が発生、さらに近年は気候変動による災害が頻発し、度々大きな自然災害に見舞われている。そして、これらの未曾有の災害に対し、これまで産業社会を支えてきたピラミッド型の官僚組織が手をこまねいている間に、日本国内外の若い人々を中心とするボランティアが精力的に被災者の救助に駆けつけた。このような、自主的に選択・決定し行動する人々の出現は、その後の成熟市場の在り方にも影響を及ぼしていることは否めない。また、新型コロナ以降、私たちの身の回りの新技術の多くは、移動を少なくするモノやコトにかかわるものが増えており、消費のあり方そのものも大きく変化している。
　②「自分のなかのストック化」現象

　社会環境や自然環境などの外部環境の変化を受けて、私たちの生活を取り巻く状況は一変し、成熟市場における企業活動も大きな変革を迫られている。このような時代の特徴として、いま、形のないもの（コト）にお金を使う、いわば「自分のなかのストック化」現象が起きている。

（参考）コトの記号消費～個人のアイデンティティの現代的あり方～

　消費活動によって得られるアイデンティティのあり方は時代によって変わる。いまは、モノを消費することで満たされ他者との差異によって自らのアイデンティティを確認するような消費スタイルから、社会や環境に関する良識をそなえることや健康であることや知的であることによりアイデンティティを確立する時代へと変わり、このような「精神の贅沢」が、「コト的記号消費」の中核を形成することになる。
③「所有の欲望」から「行動の欲求」へ

　以上のことから、市場は、「所有の欲望」から「行動の欲求」へ移り、「趣味趣向のはっきりしたマーケットの形成（感性階層）」が発展すると同時に文化型消費の時代に移ってきている。

（2）情報メディアとプロモーション
①メディアの役割の変化
　企業と消費者が相互に情報をやりとりする双方向型ネットワーク型情報社会の成立とともに、メディアによる広告・宣伝のあり方も変わりつつある。今後、従来型メディアは、1つの提供情報にすぎなくなり、購買行動を誘発する機能は非常に弱くなると考えられる。なぜなら従来型メディアは大量生産・大量消費の進展と同時に発達した産業だからである。従来型メディアの産業的効果は、同一化と差異化を繰り返し強調することで、経済成長の加速化を図ってきたところにあったと言える。ところが、成熟社会の到来により多様化が進むにつれて「同一化」すべきモデルは当然少なくなっている。こうして従来型メディアの発信する情報は、かつての強力なメッセージ性を喪失し始めており、大きな転換期を迎えているといえる。
②コト消費とイベント
　「自分のなかのストック化」現象で論じたように、これからの消費は、日常の食品や雑貨類を除けば、「コト的記号消費」に付随して発生するものが増加し、イベントも「行動の欲求」に応える「コト的記号消費」市場に対応するものが中心になると考えられる。たとえば、後述するスポーツやアウトドア業界では、専門性を生かして、行為（コト）と商品（モノ）との結びつきを説得的に展開するプロモーション・イベントが盛んにおこなわれている。
　コト消費市場のイベントは、モノ消費とは異なる、人々を説得する技術が求められ、想像力と創造性が要求される。
③電子メディアのイベント
　インターネットの普及とITコンテンツの発展により、これからのイベント・ビジネスは、電子メディアを利用するものが益々増えていくだろう。電子メディアの中では、現実社会では不可能な世界をも造り出せるヴァーチャル世界が、現実社会との境界を溶解させ、両者が混淆した新たな「現実社会」を形成する。人間の想像力をいとも簡単に形にする電子メディアの可能性は、かつてない新しいイベントを形成し、新たなセールス・プロモーションの手段が生まれる可能性を持っている。

（3）イベントの区分
　成熟社会においては、人々をひとくくりにする「大衆」という概念が薄れ、人々は、趣味やサークル、地域などの集合単位に、「複合的」に帰属することになる。
　こうした多様な消費者のニーズに合わせて、これからのイベントは、人々のコミュニケーションを目的とした比較的小さな単位を対象としたものが求められている。

（これまでのイベントの区分）
これまでイベントは、大まかに広告代理店などをはじめ、業界では次のように区分することが多かったと思われる。

　①SALES PROMOTION EVENT（ＳＰイベント）
　②COMMUNICATION EVENT（ＣＩや動員イベント）
　③SPORTS EVENT（スポーツ・イベント）
　④EXHIBITION<SHOW>（展示会）
　⑤CONCERT EVENT（音楽イベント）
　⑥MEMORIAL EVENT（周年イベント）
　⑦EXPOSITION（博覧会）
　⑧MINI- PROMOTION EVENT（ミニ・プロモーション）

（新しいイベントの区分）
　従来の区分に対して、イベントがコミュニケーションの手段であることを前提に考えると次のようになる。

　①祝祭型イベント：祭りなどの非日常的な時空感で、日常的な諸関係から開放されるイベント。
　②市型：かつての市・縁日のようにモノやサービスの売買を中核に置いたイベント。
　③儀礼型：日常的な位階などを再確認するようなイベント（叙勲式など）。
　④昂揚型：士気を高めるために行われるイベント。
　⑤学術型：学会はじめ博物館などのイベント。
（4）販売チャネルのメディア化とセールス・プロモーション
　これからは、販売チャネルそのものがメディアの役割を果たし、コミュニ

ケーション戦略であるセールス・プロモーションは、「マーケティング・イベント」として展開することが求められている。

　その背景にあるのが、企業間の差別化競争の激化に伴う販売チャネルの多重化と拡大である。

　たとえば、大手コンビニや量販店（スーパー）の売場で「プライベート・ブランド（ＰＢ）商品」をよく見かけるのが日常になって久しいが、この現象の裏では、大手量販店とその系列化のコンビニエンス・ストアが不振店舗を買収したり、新しい系列店舗を増やしたりしながら、整理統合が進められている。いまや流通業にとっては「どのメーカーと連携して事業戦略を組むか」「どのような成長商品をプライベート商品化するか」といったことが重要な戦略になっている。結果、従来のカテゴリーに新たなカテゴリー開発が進み、販売チャネルの多重化が進む。

　また、顧客のニーズに応じて販売チャネルを拡大する戦略は、コンビニに行けば一目瞭然である。コンビニでは、買い物のほかに宅配の受け取りや公共料金の支払い、チケットの購入、ＡＴＭ利用など生活に必要なモノやコトが全て満たされている。

　このように、企業は、商品開発・販売・販売促進の三身一体の展開を図り、各種の販売チャネルにおける相乗効果を極大化し競争優位を確立しようとしていく。そして、拡大された販売チャネルは、広告のようにメディアとしてミックスすることができる（販売チャネル＝メディア）。

（5）販売チャネルの分類
　販売チャネルは次のように分類される。

(a)情緒的・エリア・チャネル
(b)合理的・ネットワーク・チャネル
(c)ヒューマン・メディア・ネットワーク・チャネル
(d)メンバーズ・ネットワーク・チャネル

それぞれのチャネルの特性を解説する。
(a)情緒的・エリア・チャネル
　これは地域に旧来からある、販売チャネルである。酒販店、米穀店、クリ

ーニング店、牛乳販売店、新聞販売店などがこれを代表するものであるが、
「ご用聞き」的セールスと義理人情のネットワークを基本に地域に密着して
発展してきたものが多いと言えるだろう。旧来から住民間での日常親近感、
コミュニケーション密度はきわめて高く、そのこともあって宅配便のローカ
ル・チャネルとなっているものが目立つ。

(b)合理的・ネットワーク・チャネル

　情緒的・エリア・チャネルは、独立性が強く、それだけではビジネスネッ
トワークを形成していない（地元のヒューマンネットワークはある）。合理
的・ネットワーク・チャネルは、販売チャネルこそ地域の最終需要者に向け
られているが、ビジネス的には企業系列あるいはフランチャイズ制により、
全国的にネットワークされているものである。大手コンビニエンス・ストア
やファースト・フード・チェーンが代表的なものであるが、ガソリンスタン
ドや郵便局、ＪＲ駅構内各種売店なども含むことができる。地域の認知度は
高く、利便性・最寄り性の強い販売チャネルと言うことができる。

(c)ヒューマン・メディア・ネットワーク・チャネル

　「人そのもの」をメディアとして活用するまさに「顔の見える顧客づく
り」を基本においた販売チャネルである。フェース・トゥ・フェースによる
各種保険や化粧品のセールスマン、訪問販売会社、ヤクルトの配達員なども
これに含まれる。人そのものが販売にあたるため、コミッションセールスが
有効に発揮される販売チャネルである。

(d)メンバーズ・ネットワーク・チャネル

　特定化された個人を組織し、ダイレクト・アプローチによる販売チャネル
である。会員組織は多数あるが、資生堂の花椿会や生協、また各種のクレジ
ット会員組織などが代表的なものと言える。システム・オペレーションを優
位においた販売チャネルであるとともに、当然のことながらメディアなど情
報発信性・レスポンス率では非常に高い効率が期待できる。

　これらの販売チャネルは、通常の広告メディア戦略のように、メディア・
ミックスを図ることによって、その相乗効果において数倍の成績をあげるこ
とが可能なものである。そのために、このような販売チャネルの特性を的確

に理解し、有効に活用することが今後のセールス・プロモーション活動にとって重要なことになっている。このような各種の販売チャネルを連携させた効果的なセールス・プロモーションイベントを「ネットワーク・マーケティング・イベント」と呼ぶことにする。

2．新しいメディアづくりのためのイベント

　前述したように、社会の変化により、従来型メディアは、徐々にメッセージ性を喪失しつつある。では、これからのメディアとはどのようなものになっていくのだろうか。

（1）メディアとマーケットの変容
　新しいメディアを考えるにあたり、今一度、着目しなければならないのは、消費者の「欲求の高次化・深化」に対応したメディアやイベントの在り方である。ここでは次のようないくつかの切り口を用意して、具体的にその動向を探ってみることにしよう。
（メディアとマーケットの変化）
①マスメディアへの依存が薄れ、パーソナルメディアが普及し、発展している。
②情報の発信者と受信者の関係に、双方向性が定着し、消費者が積極的にマーケットへ参加する時代になっている。
③物的消費よりも、自分の知識や技能の向上のためにお金を使う「自分のなかへのストック化現象」が顕著になってきた。
④双方向コミュニケーションの発達により、同じ趣味・志向で区分する「感性階層」別マーケットが出現している。

　パーソナルメディアによる、情報の発信者が同時に受信者にもなるという双方向のコミュニケーションの普及と発展は、個人対個人、個人対企業（組織）の機会平等な関係が、コミュニケーションの世界で定着してきたことを意味している。年齢や性別、さらには人種にかかわりなく、同じような趣味や問題意識を持つ人々が、まさに「身近な友人」のような形でコミュニケートするヴァーチャル（擬似的）なコミュニティの誕生は、現実世界においても大きなムーブメントを引き起こすこともあり大きな影響力を持つようになってきている。

そして、パーソナルメディアという拡張されたコミュニケーションの世界
は、人々は物的消費よりも、自分の知識や技能の向上のためにお金を使う
「自分のなかへのストック化」現象を加速させるのである。このような、一
種の「感性」を縦糸とする「実在のマーケット」は、従来のようなマーケティングの手法では十分に把握することはできない。では、どうすれば把握できるのだろうか。

（２）コミュニケーションを生み出すイベントづくり
　もともと、イベントはすべて、人々のコミュニケーションを豊かにするはずのものである。そのなかで、商品の情報や魅力を正しく伝えて販売することを目的に、プロモーション・イベントが生まれたのである。
　ところが、これまでの企業や政府・自治体イベントは、メディアの広告と同じように、企業なり政府・自治体なりに都合の良い情報が一方的に与えられるだけの場となってしまっていた。
　いまは、広い意味での生活環境に関するテーマを持ち、皆が参加できるイベントの方が人々の関心を引いている。

事例を挙げて見てみよう。
①イベントの時空感がメディア化している事例
　趣味を共有する「コミック・マーケット（コミケ）」は、大勢のコミック愛好者がその時空感を共有し、さまざまな情報交換と情報加工が行なわれるようなイベントである。その場で相互のコミュニケーションが成立し、イベント自体がメディア機能を果たしている。

②地方性・地域性をメディア化しているイベントの事例
　　・「稲作学校」：田起こしから稲刈り、脱穀まで約半年に渡り稲作を体験す
　　　る食育イベント（埼玉県）
　・豪雪地帯での「雪下ろし体験ツアー」（新潟県魚沼市）
　・「都市近郊農協の発展・推進」を目的とした農業体験「生活クラブ・みんな
　　の農園」（生活クラブ神奈川・JA横浜）、など。
　地方性・地域性を前面に出したり、問題意識を共有することで、人と人とのつながりを深めるイベントで、単に地方を宣伝するのではなく、参加を呼びかけて、地方そのものをメディアにしている。

22

（３）「メディアづくり」のイベント

　このように、新しいメディアは、イベントの場（もしくは販売チャネル）そのものがメディア化されものである。これからのイベントは、「メディアづくりのためのイベント」である。そこに何らかの意識を持った人々が関心をもって集まり、その人たちがコミュニケーションを深めていくという構造が必要になる。そして、この構造は「実在のマーケット」を捉える「マーケティング・イベント」としての機能を備えることになる。新型コロナウィルス以降、こうしたリアル空間でのイベントの実施には様々な制約がかかり、ハードルが高く難しい状況もある。しかし、リアルだけがイベントの形ではない。大切なのは、人々が習得したいと思う「知識性」、人々が作ってみたいと思うような「創造性」、そして人々の想像力をより刺激する「表現性」をいかに組み立てられるかが、大きなポイントであることを認識することである。

　次では、いま注目されている「スポーツ」「アウトドア」「心」の分野のイベントのあり方を通して、具体的に新しいイベントづくりについて考えてみよう。

３．イベントの実際

（１）スポーツ・イベント
①マーケティングの観点から見たスポーツ

　新型コロナウィルス以降、予防意識と相まって、人々の「健康志向」は益々向上し日常生活に「スポーツをすること」を習慣として取り入れる人も増えている。そして、勝敗が全てのプロのスポーツの目的と違い、人々がスポーツに求める満足は「身体に気持ちの良い」ものである。

　「身体に気持ちの良い」スポーツには、次の３通りがある。それぞれの特徴と、考えられるプロモーションについて見てみよう。

　(a)「スポーツをするというプロセスが楽しくて気持ち良いからやる」スポーツ。

　たとえば、ジョギングは、一定期間続けていると、脳内にエンドルフィンが生成されて、文字どおり「気持ちが良くなる＝ランナーズ・ハイ」になり、走ること自体が気持ちの良いものとなる。特徴は、続けることでますま

す気持ち良さが実感できる「継続性」、他のスポーツをいろいろやるよりジョギングだけをする単一ものとして「単位化」ができることである。広義にとらえれば、最近増えてきた各種のアウトドア活動も、これらのなかに含めることができる。

このようなスポーツ分野では、単発のイベントが発展して、定期イベントに定着する可能性がある。

(b) 「鍛えた身体、あるいはシェイプアップした身体を見られることの気持ち良さ」を目的にするスポーツ。

身近なところでは、毎年春から初夏にかけて女性誌を中心に発売される「筋力トレーニング」「シェイプアップ」特集を思い浮かべてほしい。

トレーニング自体は、かなりハードなものもあるが、明確な目的をもったスポーツなので楽しんで実行する人が少なくない。「美しさ」を追求するこの領域ではスポーツ・イベントとファッションが有機的に結びつけられている。

(c) 「健康のための」スポーツ。

これはスポーツすること自体の楽しさより結果として得られる「健康」である状態が気持ちの良いものである。この分野では、公的な健康団体や健康雑誌などと組んで、年令階層に合わせたイベントの展開が考えられる。また、スポーツのコンサルタントビジネスもあてはまる。

②これからのスポーツ・イベント

このように、マーケティングの観点から見ると、これからのスポーツ・イベントは、大勢の人々を集客して行なわれる動員型の「見るスポーツ・イベント」だけではなく、人々が自ら行なうことのできるスポーツ、つまり「するスポーツ」をテーマとするイベントが重要である。

「するスポーツ」には、人々が求める満足=ベネフィットが明確である。また、価値観や欲求・欲望が反映されやすい。

たとえば、ジョギングを好む人々は料理や手作りが趣味で家庭を大切にするなど、かなりはっきりした価値観の指向性が見られる。健康のためにスポーツをしたり、身体のシェイプアップを行なう人々ならば、もっと明確にその欲求・欲望が把握できる。

これからのスポーツ・イベントは、特定のグループや階層をターゲットとして顧客を選別し、分析するマーケティングが必要である。多様化するスポーツ需要市場においては、特に、大規模イベントより、顧客のベネフィット

に絞り込んで訴える「小回り」のきくイベント・プロモーションが注目を集めることになるだろう。

《参考》「アウトドア関連」の活動を事例として考えてみよう。

同じアウトドア志向でも、「ＲＶ派」と「エコロジー派」では、そのアプローチ方法はかなり異なる。それをひとまとめに「アウトドア」でくくろうとすると、テーマが拡散してしまい、肝心のマーケティング・セールス・プロモーションが成立しなくなる可能性が大きくなる。

このことから、「ＲＶ派」「エコロジー派」別に具体的なセールス・プロモーションを考えてみよう。

(a)ＲＶ※派

ＲＶ派は、アウトドアそのものを楽しむというより、装備（エキップメント）にこだわる傾向が強い。従って、ＲＶ派のイベントは、ＲＶそのものや、ＲＶに積み込むアウトドアの関連道具などを紹介する物販路線が有効となる。もちろん、それらの用具・道具は、アウトドアで使ってこそ「欲しくなるモノ」であるから、体験型でオートキャンプ場や周辺のレジャー施設との提携によるイベントができれば、より一層効果が上がるはずである。このように、ＲＶ派のセールス・プロモーションは、ＲＶプラス各種装備（エキップメント）の組合わせ、あるいはオートキャンプ場などの施設の紹介などを包含することが有効である。たとえば、毎年、各地のオートキャンプ場の持ち回りでできるようにできれば、積極的な形でイベントのビジネス化が図れる。（※ここでのＲＶとは、レジャーに適した車の総称として、ブランディング要素のひとつと捉える。）

(b)エコロジー派

エコロジー派は、アウトドアそのものを楽しむ人々であり、「森林浴」などのツアーイベントのような「空間移動的」イベントが好まれる。その中でも、ウォーキング中心のタイプと自然観察や景観を楽しむことに重心をおくタイプがある。前者を好む人々は、とにかく歩くことが中心であるので足回り用品、特にシューズには関心が高い。また、これまで歩いたことのないところを歩きたいという欲求が強いようである。よって、エコロジー派のセールス・プロモーションは、シューズメーカーと連携した物販やウォーキング・グループや団体と連携したツアーイベントが考えられる。さらに、イベントから出発して旅行や観光の商品化へ発展させることもできる。

新型コロナウィルス以降、「密」を避けるために郊外への移住や、人ごみを避けて自然に親しむアウトドアは注目されており、新たなイベント需要の市場として展開の余地はかなりある。いわば「ウォーキング＝健康」と「自然観察＝知識の蓄積」とが重なった世界であり、各地の公的自然施設などと提携した「ツアー＋学習事業」などのエデュテイメントビジネスも考えられる。

（2）アウトドア・イベント

・アウトドア活動の2つの流れ

　新型コロナウィルス以降、スポーツと同様にアウトドアも人気が上昇している。アウトドア市場は、新たな余暇関連の市場として発展・成長している領域でもあり、対象を明確に絞り、その特性をかなり明確に打ち出せる形で人々を動員できればイベント分野の新たな道が開ける領域でもある。アウトドアマーケットの拡大とともに、今後の新たなイベント領域として、その成長が期待されている。アウトドアには、前述したように、RVを利用してオートキャンプを楽しむようなものと、自然の中での活動を楽しむものとに大別できる。両者は、一部で重なりながらも、かなり異なった性格のマーケットを形成している。そして、アウトドア活動自体は大きく「レジャー」と「スポーツ（冒険）」に区分できる。

①レジャー型アウトドア活動

　レジャーとしてのアウトドア活動は、アウトドア活動と言いながらも、自然の中の「快適性」だけを取り出す活動が中心であり、限りなくアウトドアのインドア化を求める傾向にあるものと言える。たとえば、快適な涼風を求め自然空間にいても蚊やブヨ、アブなどは徹底して排除し、不快な事柄を最小に抑えようとする。その代表的なものがオートキャンプであり、オートキャンプ場の整備は、滅菌化された「快適自然」空間であればあるほど、人気のある施設となっている。したがってアウトドア活動とはいえ、その用具はもちろん施設についても、つねに流行現象を演出し、より簡便・快適を競うことになる。このような特性を持つレジャー型アウトドア活動をテーマとするイベントは、アウトドア用品から旅行商品、関連商品、さらにはアウトドア・スクールなどの総合セールス・プロモーションとして展開することが可能である。また、既存のメディアとの提携により情報発信型のカタログ・イベントとして効果を発揮できる。

・レジャー型アウトドアのイベント「都市の大型施設でのイベント」

　　主流のイベント手法で、都市の大型催事施設で各種のアウトドア商品展示の形で行われ、動員は比較的容易で多数の人々を集めることはできる。

（アウトドア（自然環境）の中でのイベント）

しかし、アウトドア活動の底辺をより拡大し、アウトドア商品の需要拡大のためには、ＲＶは持っているけれどアウトドア活動には使っていない人や普通の乗用車の人たちも気楽に参加でき、疑似的にアウトドア活動ができる現実のオートキャンプ場などを利用した、各商品が実際に試用されるワークショップ型のイベントを実施することで潜在需要を呼び起こすことが可能になり需要拡大につながる。

　　この場合は、イベント会場が外で天候や気候の影響を受けるため、あらたなノウハウが必要とされる。

②「スポーツ＝冒険」としてのアウトドア活動

　　「スポーツ＝冒険」としてのアウトドア活動は、見るものではなく、あくまで「するもの」である。ここでは、「スポーツ=冒険」する目的が「自然への回帰」であることをテーマにイベントのあり方を考える。

（自然への回帰への欲求）

たとえば、登山というより山歩きが、比較的高い年齢層を中心に参加者を増やしているのは、スポーツ的要素もさることながら、札所巡りのお遍路さん道のように、山道という自然空間が一種の精神解放のための回路として機能しているからである。彼らが求めているのは「山歩き」を通した「精神の冒険」である。また、ハードな登山でなくても、山菜摘みやキノコ狩りなどの「採取活動」も、精神の自然回帰の一環として考えることができる。

・冒険=スポーツ型アウトドアのイベント

　　「自然回帰への欲求」を満たすイベントには、「焼き畑体験」イベントをはじめとする、かつての「生業」を追体験するイベントも含まれる。ほかにもたとえば、

　　・自治体や農業団体などが主催する地域振興イベント

　　　→メディアと提携し、地域のイメージや産物の普及を図る。

　　・環境やエネルギー問題に対処する関連機器メーカーや事業体のイベント

　　　への応用、などがある。

　　地方の機関や団体が実施する場合は、都市住民を呼び寄せる「参加型」に

して、その地方の独自性と参加者の趣味的趣向をうまくマッチさせる演出をする必要がある。したがって、ある意味の専門能力が必要とされるとともに、専門性を横断するような小回りも要求される。このような、知恵と工夫を前面に出せるイベントは、新しい領域になるものと考えられる。

　これからのイベントでは、規模の大きさではなく、イベントの目的を明確にして、目的や趣旨に賛同した参加者に喜ばれ、最初は参加者が少なくとも徐々に参加者が増加してゆく構造をつくることが肝心である。

【参考】扱いに注意したい自然保護活動など
　広義のアウトドア活動には「自然保護活動」や「エコロジー運動」なども入る。しかしながら注意しなければならないのは、自然保護活動やエコロジー運動には、かなり明確に「現状批判」や「体制批判」も含まれており、ビジネス・イベントとして取り込むには、限られた領域にとどめる必要がある。このような領域のイベントとして今後とも需要が見込めるものは「環境機器」や企業の「公共的企業の環境への取り組み」をアピールする仕掛けと組み合わせたものと考えられる。

　もちろん、市民団体的なボランティア活動を行う場合は、話は変わる。ボランティアは、非営利的な活動(Non-Profit Activity＝NPA)であって、その報酬も、仕事に対する正当な報酬(もちろん、大きな利益を生むものではないが)が支払われるのは世界の常識なのである。持続的に創造性や想像力を駆使し、自らの能力を高めていくこのような活動も1つの選択肢として見てもよいのではないだろうか。ことに、モノにも金銭にも魅力を感じない人々が増えてきた今日、かつてのような金銭的な動機付けではない新たなものとしての社会性や公共性が注目されている。そのように考えれば、自然保護活動やエコロジー運動の中のイベントづくりは、重要な領域となる。今後は、この領域は政治的にも重要な柱になることは確実であるが、それだけに自ら一種の心意気を持たないと、おそらく他者に感銘を与えるイベントづくりは不可能であり、また、ビジネス的な観点だけでこの領域に臨むことは方向を見誤る可能性が強いことも念頭に入れておく必要がある。

（3）心の時代のイベント
　「スポーツ」「アウトドア」におけるイベントのあり方を見てきたが、どのような領域であれ、これからのイベントには、人々の心の問題が重要になるものと考えられる。

　少し人間の内面に分け入って考えてみよう。いつの時代にも、その時の「心の時代」のあり方は様々であるが、それは、もともと、人間の心には、理性（合理性）だけでは対応できないものが数多く内包されているからである。合理性の持つ一面的な価値基準を選択し、その価値に順応することを強要されればされるほど、心の中で日常的に抑圧している"非合理的なもの"は出番を失うことになる。

　しかし、リアルな世界での抑圧はヴァーチャル世界ではどうなるのだろうか。新型コロナウィルス以降、対面が難しくなり、コンタクトレスの状況下でIT（テクノロジー）の活用が進む中で、人々は、サイバー空間とフィジカル空間が融合した空間で生活するようになり、「ニューリアリティ」と呼ばれる概念が生まれてきている。

　このような、ヴァーチャルな世界から現実の世界に、あるいは現実の世界からヴァーチャルの世界に交錯する社会が実現すると、これまで一般のコミュニティでは社会的な規範などによって抑えられていたような"非合理的なもの"のありようが変化する可能性が大きいと考えられる。コロナ後のニューノーマルの時代には、これまでの合理性を唯一の基準として築き上げた社会が、人々の心の問題に対応できるかどうかが、問われているのである。

（４）心の救済機能としての「イベント」
　新型コロナウィルス以降も、これまでの常識が一挙に通用しなくなる時代の転換期が続く。人々の生活も価値観も急変しようとしているのである。
①心の救済「祭り」
　さて、心の問題にかかわるイベントとして古くからおこなわれてきたのが「祭り」である。日本だけでなく、世界には様々な祭りがある。そして、時によって、「祭り」は、心の中の抑圧された「非合理的なもの」を噴出させる空間として機能している。「祭り」の中では、日常的には許されない破壊性や暴力性が開放され、時には死の危険を賭けた祭りもある。多くの論者が指摘しているとおり、「祭り」の時空間では日常の時間や秩序が無効化され、日常的に人々の心の中で抑圧され蓄えられてきたエネルギーを爆発させてきたのである。「祭り」を経て人々は生きる意欲を回復し、ふたたび社会規範の日常の暮らしに戻るのである。
②「イベント」の「祭り」との違い
　ここでいう「祭り」の時空間は、オリンピックや万博で行われるような組

織的でスペクタクルなショービジネス的イベントの「祭り」の時空間とはまったく異質のものである。ショービジネス的イベントの「祭り」は、近代の価値規範や秩序をＰＲする機能が前面に出ている。

③イベントを超えたイベントづくり

いま、本来の「祭り」の時空間、日常的時間・秩序の破壊＝人々の想像力と創造性の回復＝の場が、その役割を再生することが求められている。従来のショービジネス的な「祭り」イベントとは違うイベントを超えるイベントを生み出し、人々の自由な想像力や創造性をかき立てることが要請されているのである。

そのためには、かつての「祭り」を分析・参考にして、新たなイベントを組み立てることが必要である。もちろん、そのようなイベントは、決して安全第一というわけにはいかないだろう。

（事例：「破壊と復活」のイベント）

堺の「だんじり祭り」や諏訪の「御柱祭り」などは、いまも伝統的な祭りとして続けられている。これらの祭りは稀ではあるが死者も出る危険な祭りである、では、なぜ、毎年行われるのか。それは、人々の祈りに近いカタルシスを内包するものであり、祭りを行うことは破壊と復活を意味するからである。このような、心の開放と救済をテーマしたインパクトのあるイベントは、これからの社会でもっともイベントらしいイベントになるものと考えられる。

時代はいま大きな転換期にある。これまでのようなモノだけの販売を目的とするセールス・プロモーションの手法に寄りかかるイベントは、徐々に縮小化していくことになる。そして、電子メディアを通じたネットワーク型イベントや、人々の密接な統合を目的とするコミュニケーション型イベントなど「心のイベント」が今後、間違いなく増加するはずである。

III．　商品戦略編

第1章　トレンド調査

　商品開発には、人の意識や感情に訴えかける、消費者に対して世界観を提案するといったエモーショナルな側面があるという理解が必要である。
　「人や時代が求めるものは何か」「どこに自社商品のターゲットがいるのか」「どのような人が、自社商品の顧客になってくれるか」など、これらの課題を解決するには、時代の根底に流れるトレンドを把握しなければならない。

１．トレンドとは

　トレンドとは
　ある変数の長期間にわたる趨勢的変動のことをその変数のトレンドという。
　トレンドを捉えることで、生活者の潜在ニーズが明らかになり、商品戦略の方向を決定することが可能になる。

（１）「選ぶ」と「感性」の関係
　現在、市場には商品が山のようにあり、情報は溢れている。その中で、私たちは、衣服や食事、住まいや家具、電化製品から店舗や旅行先のことまで、様々のものを選ぶことになる。
　メーカーや商品企画の部門、技術部門の人たちは、「革新的な商品を出したい、自分たちがつくった商品を買って欲しい」と四苦八苦するが、その中には売れるものと売れないものがある。

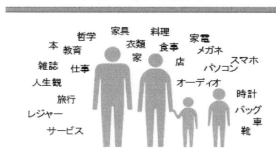

なぜ？それを選ぶのか

・「感性」（＝人の意識や感情、意識や行動の現状）を捉える
　売れるか売れないかの鍵を握るものの中に「感性」というものが存在する。わたしたちは、店頭に並ぶ、似たような商品の中から、「この色や形が好きだから」という理由で商品を選ぶことが多いが、なぜ好きかの説明はしにくい。これが「感性」である。

（2）ブランドから捉える感性

　このように、商品を選ぶ時の人の意識や感情「感性」を明確に説明することは難しい。では、どのようにして、リアルタイムに世の中に流れている「人や時代が求めるもの」を捉えればよいのか。その助けとなるのが「ブランド」である。文化的価値の象徴ともいえるブランドでは、そのデザインから感性を捉えることができる。なぜなら、ブランドには、見える「形」やその裏にある「意味」から、そのブランドが意図した意識や行動の現状（感性）を読み取ることができるからである。

<<「選ぶ」と感性の関係>>

価格が安い、性能がいい、それだけでは選ばれない

　ブランドにより感性は異なり、そこにはいくつかのパターンが見られ、これを類型化することでいまの感性を捉えることができる。

<<ブランドから感性を捉える>>

ブランド（文化的価値の象徴）
表面に現れた'形や色'の
裏にある'意味'

意識や行動を読み取る＝感性

【参考】使う・買う側（顧客）へ視点を変える
　顧客は、自分なりの感性で様々な商品やサービスを選び、生活を演出しよう

とする。顧客の感性は生活全般に行き渡り、それは商品分野を乗り越え一貫性があることも多い。「ものを選び、生活を演出」するという行為の根幹をなすものの中に、「好み、気分」といった感性がある。使う、買う側へと視点を変えれば、ファッションやインテリア、コスメなどまで、顧客の感性に基づいて商品コンセプトを導き出し、それらの関連商品を販売することができる。

　提案の仕方としては、好みや気分を押しつけるということではなく、「ご自由に選択してください」という訴求方法が考えられる。

２．トレンド調査

（１）トレンド調査のねらい

　商品開発においては、トレンドの変化の兆しをいち早く捉えることが必要である。トレンドには、流行といった現象・事象、またそのデザインから、それらを支持する人の意識や価値観が反映されているため、ターゲット顧客や自社ブランドの方向性を検証することができる。

　トレンド調査を行うポイントは次の３つである。

　(a)商品を市場に投入する際に、世の中の流れ、トレンドに乗っていた方が売れる確率が高い。

　(b)アイデアを出す段階では、分野の垣根を越えた豊富な情報の蓄積が必要になる。自身の所属している分野、業界の市場だけから発想したのでは、顧客のニーズに応えられるものはできない。広く世の中の流れをつかんで発想することが求められる。人と物、文化と経済の関係を動的に捉えることが大切である。

　(c)過去と全く同じではないことが多いが、大きな流れは繰り返される。

（２）トレンドの層「イノベーター理論」

　スタンフォード大学のE・M・ロジャース教授が提唱する「イノベーター理論」では、消費者の変化に対する感度（製品購入態度）を「革新者」「初期採用者」「前期大衆」「後期大衆」「採用遅滞者」という５つのカテゴリーに分類している。

①革新者（イノベーター）

　ある新しい技術、製品、コンセプトが出現して普及していくプロセスで、

他の人々に先立って採用する人々のこと。新製品やアイデアを、周囲の人に影響されず、自ら進んで選んでいく。「トレンドリーダー」とも呼ぶ。

②初期採用者（アーリーアダプター）

　追従者（ついじゅうしゃ）と呼ばれる。新製品の導入期に、イノベーターに次いで採用する購買層である。「オピニオンリーダー」「インフルエンサー」はこの層にあたる。

③前期大衆（アーリーマジョリティ）

　初期採用者の影響を強く受け市場全体へ普及させる橋渡し的存在のため「ブリッジピープル」とも呼ばれる。

④後期大衆（レイトマジョリティ）

⑤採用遅滞者（ラガード）

〈イノベータ理論〉

		感度	こだわり	知識	採用速度	比率(%)
1	革新者	高い ↕ 低い	強い ↕ 弱い	多い ↕ 少ない	早い ↕ 遅い	2.5
2	初期採用者					13.5
3	前期大衆					34
4	後期大衆					34
5	採用遅滞者					16

　トレンドの採用は、革新者が最も早く、採用時間過程は、①革新者⇒②初期採用者⇒③前期大衆⇒④後期大衆⇒⑤採用遅滞者の順である。

　その比率は、革新者（2.5%）・初期採用者（13.5%）・前期大衆（34%）・後期大衆（34%）・採用遅滞者（16%）と定義されている。

　新商品普及のポイントは、「初期採用者」を取り込むことである。革新者は、感度が高くこだわり度が強く、知識が豊富、採用速度が速い一方で、リスクに対する許容度が高いことや、平均から離れすぎており大衆層に影響を与えにくいため戦略からは外されることが多い。

　比べて「初期採用者」は、比較的、社会的な立場が高く、新しいアイデアを革新者に比べて慎重に採用することで、オピニオンリーダーとしての立場を維持していることが多い。オピニオンリーダーは、ある程度の規模で社会的に存在しており、先進性がありながらも、その多くは平均値からもあまり離れてい

ない。先進性を持って大衆の購買に最も影響を与えられるという特性から、企業が商品やサービスのマーケティング戦略を立てるときは、いかにこの層にアプローチできるかを考えることになる。

（3）トレンド調査の手順
①トレンドリーダー（及び初期採用者）に焦点をあて、注目ブランド情報を収集する。（業界誌、専門誌、新聞、インターネット、インタビューにより抽出。）
②商品のブランドポジションをマトリックス図（事例図参照）にマッピングする。選ぶブランドは感性により異なる。それはいくつかのパターンに類型化できる。
③3次元の図に、トレンドリーダー、フォロアー層、両者の注目ブランドをマッピングする。
④他のブランドやカテゴリーとの共通性や影響度をみる。影響を与えていればトレンド情報としてチェックする。
⑤そこから考えられるキーワードやコンセプトを導き出し、記録に残していく。
　多くのトレンドリーダーが同じ事象やブランドに興味、注目していれば、トレンドとなる可能性が高い。また、フォロアー層まで拡大するか、ニッチ層までで終わるかを判断することができる。そのためには、後述するトレンドリーダー、フォロアー層の情報を定点観測するのが望ましい。

（4）トレンド・マトリックス図の事例

　各分野のブランドのポジショニングを活用し、利用者像を類推する。

　　　　〈図表〉　次ページ
　　　　　横軸（X）はテイスト。左側ほど保守的。右側ほど革新的
　　　　縦軸（Y）は「こうありたい」という願望、精神年齢を表したもの

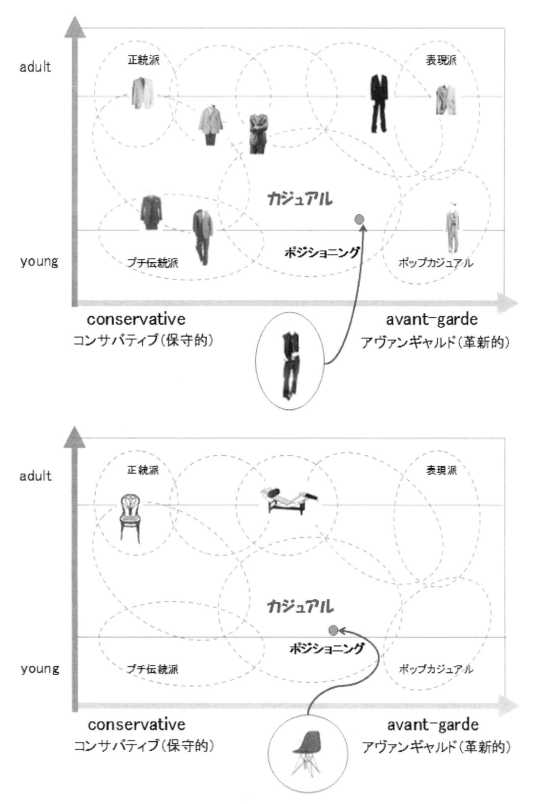

・横軸（X）は共にテイスト（雰囲気、趣味、味わい）。左側ほど保守的。右側ほど革新的となる。

・縦軸（Y）は「こうありたい」という願望、精神年齢である。

　類型化した各グループは、それぞれ独自の価値観から行動し、商品やサービ

スを選ぶと考えることができる。このようなトレンド図を用いてトレンドのポジショニングを決定する。

（5）流行は拡散する

　前述したマトリックス図に、こだわり度の縦軸を加え3次元にしてみる。

　こだわり度が低くなるとマスマーケットが対象となり、その商品やブランドはコピーとなるものも多い。したがって、流行は、こだわり度の高い層から拡散することになる。

<各層のこだわり度>

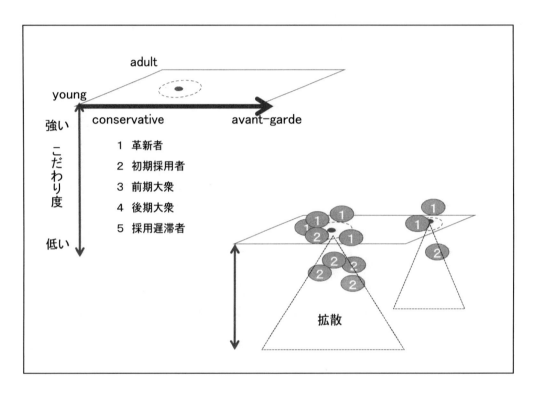

　上の図は、革新者から採用遅滞者のこだわり度を示すものである。Adult～young 層、conservative(保守的)、avant-garde(革新的)層のこだわり度が理解できる。このようにこだわり度の軸を加えることで、自社の顧客や自社ブランド、商品のターゲットはどこなのかといったことを解析できる。こうして分類したそれぞれの層に合わせ、適切な働きかけがポイントとなる。

　たとえば広告などは、実際位置していると

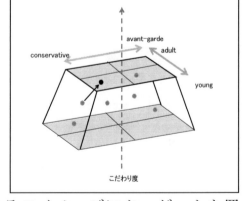

ころより1ランク上のこだわり度の高いところのイメージにターゲットを置くことが効果的である。（右図）

38

3．商品開発テーマの設定〜トレンド調査からテーマを策定する〜

　商品開発のプロセスにおいて、最初に取り掛かるのが、開発の方向性（テーマ）を設定することである。その手順は次とおりである。

※テーマとコンセプト
（テーマ）
　テーマとは行動や創作などの基調となる考えであり、重要な仕事の主題ともなる。テーマを設定することによって全員がその仕事を理解することができる。
（コンセプト）
　コンセプトは、考え方、基本的な方針をコンセプトと呼ぶ。テーマを達成するのにどのような方法をとるかという方針（基本概念）。どのようにして仕事を進めるかをグループで理解することができる。

（1）開発テーマ設定の準備
　社内環境や、現時点で認識されている制約事項について理解し、問題を整理する必要がある。全体として対象となる市場の分野・領域や企業の競争度、想定される競合企業などの状況を掴み、その結果から、どの商品をどのように事業化すべきか、その市場は捨てるべきか、継続するかなど、市場全体としての大きな枠組みを掴み、さらに個別のことについて調査をする。
　ここでの市場調査の目的は、自社のポジションを探り、大まかな開発方向をみつけることが重要である。必要な情報が不足しているであろうと思われた時には、さらに追加収集する。

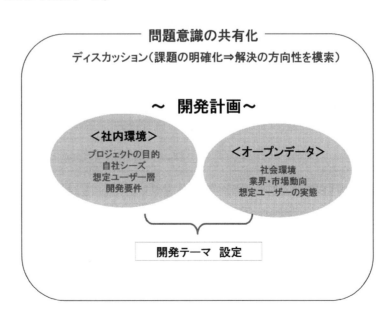

（2）開発計画段階の調査・情報収集

①社内環境

　プロジェクトの目的・自社シーズ・想定ユーザー層の把握。開発要件の確認

　注意すべき関連法規の調査、確認。必要に応じて社外からの技術導入、共同開発、販売などについて検討する。

　⇒分析⇒コアコンピタンス（他社に真似できない核となる能力）を明確にする。

②オープンデータ

　社会環境、業界・市場動向、想定ユーザーの実態。

　⇒分析⇒事業ドメイン（展開する事業の領域や分野）に与える影響を明確にする。

③キーワードを探る

　トレンドキーワードは、様々な分野、業界と幅広く結びついている。たとえば、政府刊行物（白書類）、情報誌、業界誌、専門誌、新聞、ＴＶやインターネットなどから得られるニュース、先端の商業地域や店舗などからも収集できる。

（3）ヒット商品からトレンドを把握する方法

年代	ヒット商品			考えられるキーワード		自社に活かせるキーワード
	1位	2位	3位	ヒットした要因・共通項	消費動向・社会・文化・価値観	
20○○年	②			③	④	⑤
20○○年						
20○○年			①			
20○○年						
20○○年						

手順

①過去のヒット商品情報を収集する。

　過去、１０年間程度のヒット商品情報を収集する。自社の業界、他の業界も含む。

②ヒット商品を年代順に並べる。

③年代別にキーワードを抽出する。

「○○○分野が多い」「○○○機能があるものが多い」など。ヒットした要因、共通項を見つけ出す。

　　自社の業界に近いものを選んでもよい。

④根底に流れている長期的なトレンドを探る。

　　「○○○が普及しているのはなぜだろう」⇒「○○○だからではないか」「△△△に問題があるのではないか」。その年代の消費動向、社会、文化、価値観などを考える。

　　そこからキーワードを抽出する。

⑤自社に生かせそうなキーワードを出し記録に残していく。

　　そのキーワードの中で、自社に生かせるかを考える。

（４）最近のトピックスからトレンドを把握する方法

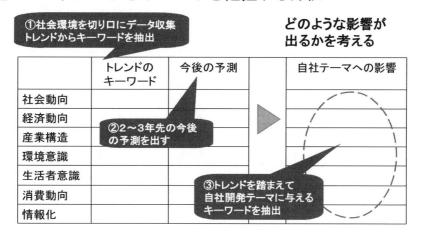

手順

①社会環境に関するデータを収集する。

- ・社会動向－法律改正、規制緩和、国家予算、地方自治体予算他
  例）少子高齢化、政治不信
- ・経済動向－為替変動、経済成長率、株価、金融状況他
  例）不景気、グローバル化
- ・産業構造－産業全般での構造を変えそうな要素や話題になっていること。
  例）ＩＴ化の進行
- ・環境意識－環境変化に対しての意識の高まり。
  例）エコロジー、地球温暖化
- ・生活者意識－どのような意識で生活しているのか。
  例）健康志向、老後の不安

・消費動向－ヒット商品の分析から得られた傾向、話題になっていること。
　例）インターネットの普及、オンラインショッピングなど。
②今後２～３年後の予測
　・記事やニュースなどで予測などを参考に、鵜呑みにせず吟味し自分なりに考えてみる。
　・テーマに影響を与えるキーワードを抽出。どのような影響が出るかを考える。
　例）社会動向―少子高齢化、社会的に繋がりたいという意識が高まるなど。
　⇒高齢者をターゲット、１人暮らしに便利なものなど。

（５）業界・市場動向の市場調査
　自社の業界や市場について調査分析し、把握する。

手順
①市場規模を推定し、業界シェア推移を把握する。
②競合企業の商品、価格、形態などを確認する。
③競業企業、有力会社の動向
　その業界における企業がどのような新商品を投入しているか販売体制、販売、促進政策などを把握する。
④業界でのトピックスを把握する。
　業界で話題になっていること、小売業の中での新業態、インターネット販売など点検する。新聞、業界紙、雑誌、営業の現場などから収集。
⑤業界別の動向など、不明な点を再確認する。

第2章　商品化の要件

1．商品化の要件

　商品を構成する要素には、次の2つがある。

・設計品質＝商品の『性能』や『外観デザイン』など開発段階で「創造される」
　もの。
・商品品質＝生産段階で「作り込まれる」もの。

　そして、マーケティングの視点から見て、重要なのは、「市場の要求品質」
である。ただ、作っただけのものは「製品」である。製品を市場に販売される
「商品」にしなければならない。「商品化」には、「市場の視点」を念頭に各要
件を満たしていくことが需要である。

　商品化の主要な要件は、以下のとおりである。

＜新商品の主要な要件＞

要　　件	内　　　　容
ネーミング	消費者に強いインパクトを与えるネーミングは、売れ行を左右するほど重要である。いかに、商品をアピールし、競合商品と差別化を図るかがポイントとなる。
メッセージ	商品に添付して、商品情報を消費者やユーザーに伝え商品の効用を十分に発揮させ、商品の再購買を誘導する役割がある。取扱説明書、しおり、効能書き、アンケート用紙、クレーム賜わり書などの印刷物、ＣＤやＤＶＤなどの媒体を使って創作される。
パッケージデザイン	物流段階の品質保護、及び、店頭陳列時に見る人の目に訴求するビジュアル効果が求められる。また、商品情報をパッケージ・デザインに盛り込むことも顧客の購買意思決定に有効である。
価格設定	テーマ提案時に想定した目標売価に対し、実際原価のチェックと開発終了時点の市場実勢価格を再チェックすることにより、最終的な販売価格（定価および流通仕切り価格）を決定する。

　では、それぞれの要件について詳しく見ていこう。（ただし、ここでは「価格
設定」は除く。）

2．ネーミング

（1）ネーミングとは

　商品力強化のためのネーミングは重要なものである。「商品の開発」と言うと、その中身をいかに充実させるか、いかに素晴らしいものにするかに重心をおいてしまいがちだが、ネーミングにより商品の売れ行きが決まることもある。

　ネーミングには、「他社商品との差別化」を図るマーケティング機能が重視される。商品に付けたペットネームやニックネームは、商品に新しい魅力を加え、やがて強力な「ブランド」に発展することになる。

　新商品のネーミングは、消費者やユーザーに強いインパクトを与え、短期間に市場を浸透する要素をもっているという理解が大切である。

　ネーミングに際し、必要なことは以下のとおりである。
・商品特性を洗い出し、その商品にふさわしい切り口を考える。
　商品特性として具体的には、商品の「使い勝手や便利さ」「ターゲット」「性能」「原料特性」「健康」「食感」などが挙げられる。
・その商品にこめられた思い、メッセージが伝わる。
・消費者に覚えてもらいやすいものにする。

　このように、ネーミングには、商品の特徴・特質が表されていて、表現が、簡明で解かり易く、既存のモノとの類似性がない、覚えやすい、呼びやすい、親しみやすいことが重要になる。

（2）ネーミングの手法

　ネーミングをする商品の外観や機能、仕様を検討し、ベネフィット（顧客にもたらす利益）を考え、人の口に出やすいような言葉を選ぶ。こうした緻密な作業を経てはじめて、よいネーミングが生まれる。

　さらに、具体的なネーミングの手法について見てみよう。ネーミングの素材の足し算、引き算、掛け算、繰り返し算からつくっていくというものである。
（参考：ネーミングが広告だ/岩永嘉弘著）。
①足し算
　ネーミング素材をふたつ足し合わせる手法。
　例：「のりたま（のり＋たまご）」「かっぱえびせん（かっぱあられ＋えびせんべい）」。

44

②引き算

　　ネーミングの素材やキーワードから不要な要素を引く手法。

　　例：「デンキブラン」（デンキブランデー－デー)」「ダスキン」（ダストゾーキン－トゾー)」「ウォッシュレット」（ウォッシュトイレット－トイ)

③掛け算

　　意味の掛け算、言葉のオーバーラップ、語呂合わせの３つがある。

ａ）意味の掛け算

本来の意味に新しい別の意味を持たせる手法。

　例：「不思議＋大好き」「おいしい＋生活」

もともと、「おいしい」という言葉は、「美味い（うまい）」という食に関わる言い回しとして使われていた。それが、食に直接関連性のない「生活」と組み合わせることで、「おいしい」が、「好都合な～」「好条件な～」「お得な～」といった意味でも使われるようになる。（「おいしい話し」「おいしい仕事」「おいしい状況」など）「おいしい」という言葉の意味が変換され、成功した例でもある。

ｂ）言葉のオーバーラップ

　ふたつの言葉をオーバーラップさせて、ひとつの言葉でふたつの意味を作る手法。

　例：栄養ドリンク「タフマン」（タフな男になる）、シャンプーの「シャワーメイト」（シャワー友達）

ｃ）語呂合わせ

　語呂合わせは、古くからある方法で、同じ発音の文字を他の文字に換え縁起担ぎを行うものや、数字列の各々の数字や記号に連想される読める音を当てはめ、意味が読み取れる単語や文章に置き換える手法。

　　例：（ごえん）「ご縁」と「五円」（かつ）「豚カツ」の「カツ」と「勝つ」

④繰り返し算

　同じ言葉を繰り返し、重ねることでネーミングする手法。

　例：パンダの「ランラン」エアコンの「ひえひえ」、電気コタツの「のびのび」

　このように、商品ネーミングの開発にはコツがある。覚えやすい、親しみやすい短めの文章の中に、商品プロジェクトの内容やどんな効果があるのか、食べ物なら「どんな味がするのか」を込めることが、ネーミングの基本となっている。

短い文章の中に「あれもこれも」と色々な意味を盛り込もうとしてしまいがちであるが、多くのことを詰め込もうするとポイントが分かりづらくなってしまうものである。

　できれば、ネーミングに盛り込む特徴はひとつに絞り、それを膨らませたり商品と照らし合わせたりしながら考えること。多くの人に愛されるネーミングを作ることが重要なことである。

【参考】
・４つのＥとネーミング
　ネーミングを考える際に、対象商品から視野を広げてマーケティングの視点から見る方法もある。現在は、商品力強化のための次の「４つのＥ」があるといわれている。
　　　①イージー（Ｅａｓｙ）：たやすい・簡単
　　　②エコノミー（Ｅｃｏｎｏｍｙ）：節約・経済的
　　　③エコロジー（Ｅcology）：先進的・環境保護
　　　④エモーション（Ｅmotion）：感激・感動
　ネーミングの際に、この「商品力強化の４つのＥ」の活用することで、ヒット・ネーミング商品を生み出すこともできる。

・商品名の権利（商標登録）
　ネーミングが成功すればヒット商品になると同時に、その商品名が一般名詞として通用してしまう。従って、ネーミングは、商標登録の申請（特許庁）が出来るものとして、広告物などにおける企業の著作権を守るものともなる。商標ネーミングとして「サランラップ」、「クレパス」、「シーチキン」、「ゼロックス」などは、商標が一般名詞となっている代表例である。逆に、サントリーは「はちみつレモン」を発売したが、商標を取得していなかったため、数十社のメーカーから、同名の飲料が発売された経緯がある。商標の取得自体は、法人、個人、団体の任意事項であるが、商標登録をしない場合は（できない場合もある）、「はちみつレモン」のように、他社の類似商品の追随やネーミングを排除できないということになる。このように、ネーミングでは、商標取得を前提に考えることが必要になる。

3．メッセージ

　メッセージの役割は2つある。ひとつは、商品の効用を十分に発揮させるための使用方法などの商品情報を顧客に伝える役割である。

　ふたつめは、ベネフィットを明確に伝えることで商品の再購買を誘導する媒体（メディア）の役割である。一般にカタログやポスターコマーシャルだけが媒体（メディア）のように思われるが、商品に付随する「しおり」類、機器商品に添付される説明書やマニュアル、パンフレット類などのメッセージも重要な媒体（メディア）である。

（1）メッセージの形態

　メッセージの形態としては、取扱説明書、しおり、効能書き、アンケート用紙、クレーム賜わり書などの印刷物、CDやDVDなどがあり、商品のパッケージ記載、もしくは付属物としてパッケージに同梱する。また、インターネットのホームページから無償でダウンロードできるものもある。

（メッセージの事例：ヘアカラー取扱説明）

　販売されているヘアカラー商品に付属している取扱説明書を、次のポイントで分析してみよう。

　①顧客に対してわかりやすく書かれているか。

　②商品を使用するにあたり注意すべき点がすべて書かれているか。

　③顧客にとってのベネフィットが伝わるか。

・商品特徴（パッケージ裏面に記載）

コピー：「くしゅくしゅ、もみこむだけ。泡でかんたん！髪色もどし」

　　　　「一度でしっかりもどせる」

　　　　「染めにくい後ろの髪もブロッキングなしで染められる」

　　　　a）泡が立つから、たれにくい

　　　　b）ツヤツヤ、さらさらの仕上がり

　　　　c）アミノ酸配合（スキンケア系うるおい成分）

　　　　d）ロイヤルゼリーエキス配合（うるおい成分）

・使用上のご注意（パッケージ側面と同梱取扱説明書に記載）

　ご使用の際は使用説明書をよく読んで正しくお使い下さい。

　ヘアカラーはまれに重篤なアレルギー反応をおこすことがあります。ご使用の際には毎回必ずアレルギー試験（パッチテスト）を実施してください。

a) 次の方は染毛しないで下さい

- 今までに染毛剤でかぶれたことのある方、今までに染毛中または直後に発疹、かゆみがでたり、気分が悪くなったりしたことのある方。（ほか）

b) 染毛前のご注意

- 染毛の２日前（４８時間前）には、毎回必ず皮膚試験（パッチテスト）を行ってください。（ほか）

c) 染毛時の注意

- 薬液や洗髪時の洗い液が目に入らないようにする。
- 染毛中に入浴したり染める前に髪をぬらしたりしない。（ほか）

d) 染毛後の注意

- 頭、顔、首筋などに発疹、発赤、かゆみ、水泡、刺激などのかぶれの症状が生じたときは、すぐに皮膚科専門医の診療をうけて下さい。

e) 取り扱い上のご注意

- 次のような場合には、衣類、帽子、枕カバーなどに色移りすることがあるのでご注意下さい。
  ※髪がぬれているとき（汗、雨に濡れる、水泳後、洗髪後も同様）。
  ※育毛剤、ヘアリキッド、頭髪用品を多量に使用したとき。

f) 保管上のご注意

- 幼小児の手の届かない所に保管してください。誤って飲んだり食べたりすると危険である。
- 高温や直射日光をさけて保管してください。

・取扱説明書：皮膚アレルギー試験（パッチテストの手順）

a) 準備物

b) パッチテスト用の混合液を作る。

c) 腕の内側にぬって、４８時間放置する。

d) テスト部位の観察は塗布後３０分位と４８時間後の２回行ってください。

e) ４８時間以内に異常が無ければすぐに染毛してください。

使用前の準備

a) 本品の箱に入っているものの確認

b) 身支度

使い方　（1箱でセミロング程度の長さまで染めることが出来る）

a) 使用する前に混合液を作る。

b) 容器を立てた状態でボトルの中央部を押し、手袋をした手に泡を出す。

c) 泡（混合液）を髪にたっぷりつける。

h) 放置時間が過ぎたらよくすすいだ後、シャンプー・コンディショナー等をする。

4．パッケージ・デザイン

　ネーミングがユーザーや消費者の「耳に訴求」するのに対し、「目に訴求」するのが「パッケージ」である。パッケージは、メッセージカ、訴求力が強く、パッケージ・デザインによって商品の売れ行きが大きく変わる。

　従って、パッケージ・デザインを考える際は、パッケージは顧客に商品名や情報を伝える大切なコミュニケーションツールであることを理解した上で、総合的にその商品の物語を描き、さらに、機能的便益、情緒的便益などを考慮する必要がある。

（1）パッケージの分類

パッケージは、主に以下に分類される。

・内装…パーツの包装

・外装（個装）…商品としての包装

・集合包装…輸送のための包装

それぞれ、中身と価格において、規格、材質、形態など、商品内容にふさわしい機能、デザインが求められる。

（2）パッケージの機能

パッケージの機能は、

・保護性：衝撃、温湿度、酸素、光、臭気、汚れ、傷などを防ぐ。

・識別・分別：物流時においては識別や分別しやすくする。

・運び易さ・置き易さ：輸送と保管に適した運び易さ・置き易さ。

・消費時と廃棄時：消費時の識別や携帯性、開封時、破棄時のしやすさと再利用。

・情報表示：美麗・清潔、未使用であることなどのメッセージを伝える。
などがある。

特に重要な項目は以下である。

　・プロテクター機能…内容物を保護する。

　・ヘルパー機能…運搬などをスムーズにする機能。

　・セールスマン機能…店頭にて訴求力がある。

　・エンバイロンメンタル機能…環境問題に対応した機能。

（３）容器の種類と特長

　本体容器などさまざまなものがあるが、特に環境問題への対応として、材質の検討、減容量化、リサイクルが課題になっている。

　（形状及び材質）

　　・缶：アルミ、スチール

　　・ボトル：ガラス、プラ

　　・カップ、トレイ：紙、プラ

　　・箱：紙、プラ

　　・紙管：紙

（４）容器の製造法

　容器の製造法の代表的なものは以下である。

　（主な成形法）

　・シート成形：熱で加熱し軟化させた多層シートから形状をつくる成形方法。

　・インジェクション成型：注射器で注射するように溶けた樹脂を射出機から
　　金型の中に射出・圧入して成形する方法。

　・ブロー成形：金型に空気を入れて成形する方法。

　　　　　　　　　　　　　　　　（日本プラスチック工業連盟ＨＰより抜粋）

　（金型代の発生）

　　容器製造には金型代がかかる。

（５）商業系商品における主なパッケージングフィルムの種類と特長

　　商業系商品における主なパッケージングフィルムの種類はさまざまあるが、中身の保護性、機械適性、生産性の向上要求からラミネートされた多層フィルムが外観から分かりやすいこと、開封性（開けやすいこと）の向上がポイントである。

<素材フィルム>

PT	普通セロハン	KOP	塩化ビニリデンコートOPP
PE	ポリエチレン	KPET	塩化ビニリデンコートPET
OPP	二軸延伸ポリプロピレン	KNY	塩化ビニリデンコートNY
CPP	未延伸ポリプロピレン	K−CNY	塩化ビニリデンコートCNY
PET	ポリエステル	VM	アルミニウムの真空蒸着
NY	ナイロン（二軸延伸）	AL	アルミニウム箔
C−NY	ナイロン（未延伸）	EVOH	エチレンビニルアルコール共重合体

（大和製缶ホームページより）

（6）パッケージ・デザイン

　それぞれ、中身と価格において、規格、材質、形態など、商品内容にふさわしい機能、デザインが求められる。また、パッケージは、商品名や情報を伝える大切なコミュニケーションツールである。

　パッケージ・デザインのポイントは、

　・その商品のターゲットはどのような属性なのか。

　（年齢・性別・ライフスタイル等）

　・商品の差別的特徴は何か。

　・伝えたいメッセージは何か。

　を明確することである。

　パッケージ・デザインは、メッセージ力、訴求力を強く表す大切な要素である事を理解しなければならない。

（7）印刷について

　印刷について留意する点は以下である。

①印刷法：用途

　・グラビア印刷：食品包装用フィルムなどへ印刷する。

　・オフセット印刷：一般的な印刷方法。

　・曲面印刷：カップの側面などへ印刷する。

　・パソコンから出力する

ほかに、
・色数
・ロット（生産数量）
・コスト
・リードタイム（納期）
・製版代の発生
などに留意する。

（8）パッケージ・デザインと社会的課題
　　商品本体の「包装」パッケージ計画が抱える課題を挙げる。
その必須課題は以下である。
・高齢化社会の到来　→　ユニバーサルデザインの視点。
・世帯構成の変化　→　機能性パッケージへの要請。
・環境問題への配慮　→　素材を、プラスチックから紙へ移行、減容量化、
リサイクルを可能にすること。
・店頭効果の重要度の拡大　→　材質、印刷法の開発、デザインへの要請。
（凸版印刷：澤田清志氏より）

　　パッケージを計画する際は、マーケティング活動における商品コンセプト、
ネーミングとの融合性や、このような、環境問題などの社会的課題を考慮する
必要がある。

第3章　商品開発のデザイン

　商品開発におけるデザインは、商品本体やネーミング、パッケージングなどの商品要素のみならずマーケティング・ミックスまで一貫したものとして考えなければならない。

　商品コンセプトを忠実に表現すること、さらに、顧客にどのように価値を伝える表現ができるかどうかがポイントになる。

1．デザインの仕事
　デザインの仕事には次の2つがある。
　・生活に秩序を提案し、暮らしをよくするために困りごとを解決する。
　・競合商品の中から消費者に選んでもらい購入を促し利益向上に貢献する。

売れるデザインとは

商品の内容、特性を正しく伝える →商品コンセプトを忠実に表現する

＋

商品を購入することにより得られる 情緒的価値をうまく表現できる →おいしい、楽しい、癒される等

　デザインは、単なる思いつきではできない。どのような時代を生きて、どのような文化的なものを吸収し、毎日どのような生活をしているのか、といったターゲットユーザーの背景を知ることによって「必要なデザイン」が見えてくる。

　また、時代の波や社会情勢、経済動向、流行などに対して常に柔軟な対応が求められる。

2．デザインの役割
　デザインの役割には次の3つがある。
　① 五感で認識できる色や形を与えること。
　② コンセプトに意味を与え、意味の違いを分かるようにすること。
　③ ニーズとシーズ（技術の力）を取り持つこと。

デザインの対象は、有形物のほかに、無形のサービス、イベント、システム、旅行プラン、料理のレシピなど多岐にわたる。また、デザインは大きく分けて平面（視覚表現）と立体（プロダクトあるいは空間表現）の領域がある。

※デザイン（Design）とは
・下絵。素描。図案。
・意匠計画。生活に必要な製品を製作するにあたり、その材質・機能および美的造形性などの諸要素と、技術・生産・消費面からの各種の要求を検討・調整する総合的造形計画。（広辞苑第5版）。

3．商品イメージとデザイン

商品のイメージをデザインする際は、
  ・ターゲット：その商品のターゲットはどのような属性なのか。
  （年齢・性別・ライフスタイル等）
  ・差別化：競合商品との差別的特徴は何か。
  ・訴求性：伝えたいメッセージは何か。
を明確に把握することが重要である。

4．マーケット情報（市場）とデザイン

市場調査で得られるマーケット情報は、デザインの形や色など商品本体のデザインを決める際に役立つ。また、デザインのアイデアは、情報を整理する過程で浮かんでくることも多い。よって、市場とデザインは切り離すことはできない。

5．デザインの機能

デザインの機能とは、「商品の内容、特性を正しく伝える」ことが基本である。デザインの機能には、2つある。
  ・物理的機能：人が望んでいる働きをするもの。
  ・精神的機能：それを使うことによって喜びや充足感を与えるもの。

６．デザインの仕組み

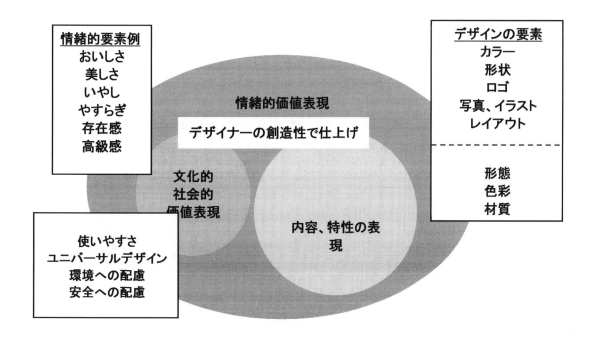

情緒的要素例
おいしさ
美しさ
いやし
やすらぎ
存在感
高級感

デザインの要素
カラー
形状
ロゴ
写真、イラスト
レイアウト
- - - - - - - -
形態
色彩
材質

情緒的価値表現
デザイナーの創造性で仕上げ

文化的
社会的
価値表現

内容、特性の表現

使いやすさ
ユニバーサルデザイン
環境への配慮
安全への配慮

７．デザイナーの役割

　商品デザインを行なうものは、プロダクトデザイナーと呼ばれる。企業は、外部デザイナーに委託する場合もある。その場合、委託を受けたデザイナーは商品開発のプロセスをよく理解し、依頼者と消費者の間に立って、両者の要望を満たすデザインに仕上げることが重要である。

８．デザインのフロー

　このフローは、外部デザイナーに委託する場合のものである。
　オリエンテーションでは、デザイナーと商品の「テーマ」と「コンセプト」を共有する。

<デザインのフロー>

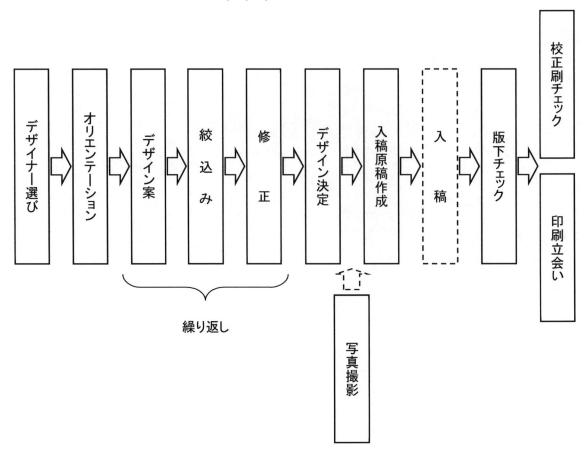

以下、留意点を挙げる。

①オリエンテーションは、依頼書などを使いデザインの方向性、テーマ、コンセプト、希望を伝えること。

②デザイン案の繰り返しにより、良くなる場合もあれば、丸くなって、その訴求価値が不明確になってしまうこともある。また、デザイン制作作業を繰り返せば、コストは大きくなり、納期のタイミングを外すことになる。

（1）デザイン作業の一般的な進め方

　①テーマ、商品コンセプト、競合品を考え、いくつかのパターンを作って、方向性を探る。

　②複数の案を作り、絞り込む。

　　・チェック項目例：目立つか、新しさがあるか。品質感があるか、魅力があるか、買ってみたいか。

　③店頭での陳列効果を検証する。

第4章　市場調査の実践

「売れるモノをつくる‼」 ためには**商品コンセプトづくりと市場調査**が不可欠である。

　商品コンセプトとは、その商品はどのようなものか、「誰がいつ、どこで、どんな風にその商品に接する（使う・飲む・食べる・利用する）とどんな幸せが得られるか？」といったメリットを端的な言葉で言いあらわしたものである。具体的には

・誰が何時、どこで、どう使うのか？（ターゲットの設定）

・ターゲットが求める品質・機能・価格は？（ニーズの設定）

・どの様な場所、方法で売るのか？（販売チャネルの設定）

・どの様な原材料でどの様に加工・製造するのか？（シーズの設定）

等であり、それらの設定を客観的に検証するために行うのが市場調査である。

「モノをつくったが売れない。売る方法が分からない」といった事態を避けるためにも商品コンセプトの明確化と十分な市場調査の実施は必要不可欠である。また、調査結果によっては、商品開発・販売の中止も含め商品コンセプトや開発・販売計画を全面的に見直すとの姿勢が必要である。

【参考】商品コンセプト

商品コンセプト		
	商品の存在理由	なぜ、今必要なのか？
	差別化要素	今までの製品とどこが違うのか？）
	ターゲット設定	誰がどこで買い、誰が使うのか？
	ニーズ設定	使う人が求める機能・価格は何か？
	シーン設定	誰が、何時、どこで、どう使うのか？
	企業理念の確認	なぜ、つくるのか？
	シーズ設定	どのようにつくるのか？
	販売ルート設定	どのように売るのか？
	商品構成	どのような商品にするのか？
	デザイン・ネーミング	どのようなイメージにするのか？

この章では、実践にそった調査手順を解説しながら、ポイントを理解していく。

（1）市場調査の準備

①調査の目的と課題の明確化

市場調査を設計する際は、課題を洗い出し、調査目的を定める。

・新商品開発・販売予定商品に関する課題例

つくっても売れるのか？買ってくれる（仕入れてくれる）としたら誰が、どこで、いくらで？改良すべき点は何か？開発・販売に着手すべきか？など。

・既存商品に関する課題例

売れている理由、あるいは売れていない理由は何か？他の販売チャネルで売れないか？改良すべき点は何か？他の地区・販売チャネルに進出すべきか？など。

②調査実施計画の作成

・調査対象先、実施方法、実施要員、実施予算、実施日程の検討と決定。

調査概要	対象先	アプローチ数	回収目標	実施方法	実施者	実施日程	実施予算
	卸問屋						
	販売店						
	消費者						

・事前準備〜調査対象先リスト、調査票、調査マニュアルの作成、商品説明用ツール（リーフレット、サンプル、他）

③調査票、インタビューシートの作成

　調査票、インタビューシートは調査活動の成否を決定する最大の要素であるため充分な検討が必要である。

・調査対象別（消費者、卸問屋・販売店）に質問票を作成する。販売する側と購入する側のどちらを調査対象にするかで変わる。販売する側（卸問屋、販売店など）は、「売れるかどうか？」、購入する側（消費者）は、「買って十分な満足が得られるか？」が最大の関心事である。また、質問票は、後日データ化（数値化）しやすいように作成する。

・ストーリー性を持たせ、リズミカルな質問の流れを設定する。調査対象者が回答しやすいように、三択や五択にするなど、具体的な数字を挙げて質問する。「この商品に付いてどう思いますか？」といった曖昧な質問は避け「価格に付いては？機能・性能は？デザインに付いては？」といった具体的

な質問を行うようにする。

例：「〇〇円での販売を予定しています。高い・やや高い・適正・やや安い・安い。どう思いますか？」「適正価格でないなら、何円位が妥当ですか？」「〇月に〇〇円で販売開始予定です。販売されたら購入しますか？」

（２）市場調査活動の実施ポイント

実践でよく実施される具体例を調査票とともに解説する。

①消費者ニーズ調査（図１参照）

開発・販売予定商品がターゲット層に受け入れるか否かを調査する。調査方法としては、商品サンプルまたは商品コンセプトを提示した上で、個別面談・インタビュー、グループインタビュー、アンケート等を行うのが一般的である。主な調査項目は、ターゲットの属性（年齢、性別、他）、商品評価（品質、味、形状、容量、デザイン、ネーミング、価格、他）、購入意思などである。

②販売チャネル調査

開発・販売予定商品の卸問屋や量販店チェーンや専門店・独立店舗などでの取り扱いの可能性を調査する。調査方法としては、店頭調査（目視、図２、図３参照）、卸問屋の営業担当者や店舗担当者との個別面談・インタビューなどを行う。（図４参照）

店頭調査（目視）での主な調査項目は、売場の有無（催事ｏｒ常設）、カテゴリー別アイテム数、類似商品の取り扱い状況（アイテム数、価格帯、ＰＯＰ、他）である。「店頭が全てを語っている」との言葉があるように、店頭を目視するだけで、店舗の姿勢・販売方針、競合他社の動向・営業施策の多くが分かる。通常、売場での写真撮りやメモの記入は厳禁である。発覚した場合は大きなトラブルとなる。したがって、記憶し退店した後調査票に記入する。調査項目が多い場合は入店・退店を繰り返しながら調査することになる。卸問屋の営業担当者や店舗担当者との個別面談・インタビューでの主な調査項目は、商品評価、取扱（仕入れ）意思の有無、取引条件（卸・小売価格、納入ロット、納入方法、決済方法、競合他社・商品状況、他）などである。

商品評価調査票/消費者インタビュー

調査実施日	年　　月　　日　　曜日	実施	都道府県		区・市町村	
調査員氏名		エリア	地区			
対象者氏名		性別	年齢	歳、		分類
性別	2　男性　1　女性　　分類	エリア	職業			分類

備考：　①年齢分類〜、未成年：1、20歳代：2、30歳代：3、40歳代：4、50歳代以上：5。
　　　　②職業分類〜、学生：1、無職・専業主婦：2、会社員：3、自営業：4、農林漁業者：5。

●調査対象商品

商品名	容量	小売価格	販売元名	製造元名	生産者名	備考

●商品評価

<table>
<tr><th colspan="2">項目</th><th>内容</th></tr>
<tr><td rowspan="10">包装・容器</td><td>パッケージデザイン</td><td>1 良い　　2 やや良い　　3 普通　　4 やや悪い　　5 悪い　　0 不明・その他　分類</td></tr>
<tr><td></td><td>備考：</td></tr>
<tr><td>ネーミング</td><td>1 良い　　2 やや良い　　3 普通　　4 やや悪い　　5 悪い　　0 不明・その他　分類</td></tr>
<tr><td></td><td>備考：</td></tr>
<tr><td rowspan="2">内容量</td><td>1 多すぎ　2 やや多すぎ　3 適量　　4 やや少ない　　5 少なすぎ　0 不明・その他　分類
適量以外の場合⇒適量は？　　　　gまたはcc位が良い。</td></tr>
<tr><td>備考：</td></tr>
<tr><td>容器形状</td><td>1 良い　　2 やや良い　　3 普通　　4 やや悪い　　5 悪い　　0 不明・その他　分類</td></tr>
<tr><td></td><td>備考：</td></tr>
<tr><td>容器材質</td><td>1 良い　　2 やや良い　　3 普通　　4 やや悪い　　5 悪い　　0 不明・その他　分類</td></tr>
<tr><td></td><td>備考：</td></tr>
<tr><td rowspan="10">内容物</td><td>食味</td><td>1 良い　　2 やや良い　　3 普通　　4 やや悪い　　5 悪い　　0 不明・その他　分類</td></tr>
<tr><td></td><td>備考：</td></tr>
<tr><td>食感</td><td>1 良い　　2 やや良い　　3 普通　　4 やや悪い　　5 悪い　　0 不明・その他　分類</td></tr>
<tr><td></td><td>備考：</td></tr>
<tr><td>後味</td><td>1 良い　　2 やや良い　　3 普通　　4 やや悪い　　5 悪い　　0 不明・その他　分類</td></tr>
<tr><td></td><td>備考：</td></tr>
<tr><td>香り</td><td>1 良い　　2 やや良い　　3 普通　　4 やや悪い　　5 悪い　　0 不明・その他　分類</td></tr>
<tr><td></td><td>備考：</td></tr>
<tr><td>色</td><td>1 良い　　2 やや良い　　3 普通　　4 やや悪い　　5 悪い　　0 不明・その他　分類</td></tr>
<tr><td></td><td>備考：</td></tr>
<tr><td rowspan="5">購入見込み</td><td rowspan="2">希望小売価格</td><td>1 高い　　2 やや高い　　3 適正　　4 やや安い　　5 安い　　0 不明・その他　分類
適正以外の場合⇒適正価格は？　　　　円位が適性価格。</td></tr>
<tr><td>備考：</td></tr>
<tr><td rowspan="3">購入意思</td><td>●現状容器・中身・価格の場合、今後購入しますか？</td></tr>
<tr><td>1 購入する　　　2 検討する　　　3 購入しない　　　0 無回答　　　分類
「購入する」以外の場合⇒理由は？</td></tr>
<tr><td>備考：</td></tr>
</table>

備考

<＜図２＞

店頭状況調査票／目視調査

調査実施日	年　　月　　日　　曜日	実施エリア	都道府県 地区		区・市町村	
調査員氏名						

●店舗状況

店舗名		業態	①スーパー　　②ディスカウント③百貨店	
店舗住所			④専門店　　　⑤その他	分類
店舗規模	1 大規模（3,000㎡以上）　2 中規模（1,000から2,900㎡）　3 小規模（1,000㎡未満）			分類
立地条件	1 良い　　2 やや良い　　3 普通　　4 やや悪い　　5 悪い　　0 不明・その他			分類
清潔度	1 良い　　2 やや良い　　3 普通　　4 やや悪い　　5 悪い　　0 不明・その他			分類
接客対応	1 良い　　2 やや良い　　3 普通　　4 やや悪い　　5 悪い　　0 不明・その他			分類
来店客数	1 多い　　2 やや多い　　3 普通　　4 やや少ない　　5 少ない　　0 不明・その他			分類
来店客分類	①男女比率　　　　・男性　　　　%　　・女性　　　　%　　・未成年　　　% ②年齢別比率　　　・〜20歳　　　　%・20〜60歳　　　　%・61歳〜　　　　　% ③職業別比率　　　・児童、学生　　　%・主婦　　　　　%・就業者　　　　　% ④居住圏比率　　　・地元客　　　　%・観光客　　　　%・不明、他　　　　%			
備考				

●地方産品専用売場・スペース

専用売場	・有り：　1 特設コーナ　　2 エンド　　3 定番棚　　　4 その他　　　　0 ・無し	分類	
専用POP・什器	・有り：　1 特設コーナ　　2 エンド　　3 定番棚　　　4 その他　　　　0 ・無し	分類	
取り組み姿勢	1 積極　　　2 やや積極　　3 普通　　　4 やや消極　　　5 消極　　0 不明・その他	分類	
備考			

注：併用とは同一商品が複数の場所で陳列している事です。

●地方産品取扱状況／対象商品カテゴリー　　分類　　　　　カテゴリー

#	商品名	容量	単価	フェース	陳列状況			
1					定番棚	1 上段　　2 中段　　3 下段　　0 無し	分類	
					専用売場	1 特設コーナ　　　2 エンド　　0 無し	分類	
					POP	1 店製　　2 メーカー製　　0 無し	分類	
	備考：							
2					定番棚	1 上段　　2 中段　　3 下段　　0 無し	分類	
					専用売場	1 特設コーナ　　　2 エンド　　0 無し	分類	
					POP	1 店製　　2 メーカー製　　0 無し	分類	
	備考：							
3					定番棚	1 上段　　2 中段　　3 下段　　0 無し	分類	
					専用売場	1 特設コーナ　　　2 エンド　　0 無し	分類	
					POP	1 店製　　2 メーカー製　　0 無し	分類	
	備考：							
4					定番棚	1 上段　　2 中段　　3 下段　　0 無し	分類	
					専用売場	1 特設コーナ　　　2 エンド　　0 無し	分類	
					POP	1 店製　　2 メーカー製　　0 無し	分類	
	備考：							
5					定番棚	1 上段　　2 中段　　3 下段　　0 無し	分類	
					専用売場	1 特設コーナ　　　2 エンド　　0 無し	分類	
					POP	1 店製　　2 メーカー製　　0 無し	分類	
	備考：							
6					定番棚	1 上段　　2 中段　　3 下段　　0 無し	分類	
					専用売場	1 特設コーナ　　　2 エンド　　0 無し	分類	
					POP	1 店製　　2 メーカー製　　0 無し	分類	
	備考：							
7					定番棚	1 上段　　2 中段　　3 下段　　0 無し	分類	
					専用売場	1 特設コーナ　　　2 エンド　　0 無し	分類	
					POP	1 店製　　2 メーカー製　　0 無し	分類	
	備考：							

<図3>

店頭状況調査/取扱商品明細

| 調査実施日 | 年　　　月　　　日　　　曜日 | 実施 | 都道府県 | | 区・市町村 | |
| 調査員氏名 | | エリア | 地区 | | | |

●地方産品取扱状況/対象商品カテゴリー　　　分類　　　　　　　　カテゴリー

	商品名	容量	単価	取扱店名	製造者名	生産者名	備考
1							
2							
3							
4							
5							
6							
7							
8							
9							
10							
11							
12							
13							
14							
15							
16							
17							

＜図４＞

商品評価調査票/卸問屋・販売店インタビュー

調査実施日	年　　月　　日　　曜日	実施	都道府県		区・市町村	
調査員氏名		エリア	地区			
対象者氏名		役職名			分類	
店舗名	分類	店舗住所				

備考：　①店舗分類～、スーパー：1、ディスカウント：2、百貨店：3、専門店：4、その他：5。
　　　　②役職名分類～、店長：1、売場マネージャー：2、バイヤー：3、店員：4、その他：5。

●調査対象商品

商品名	容量	卸価格	小売価格	販売元名	製造元名	生産者名	備考

●商品評価

項目		内容	
包装・容器	パッケージデザイン	1 良い　　2 やや良い　　3 普通　　4 やや悪い　　5 悪い　　0 不明・その他	分類
		備考：	
	ネーミング	1 良い　　2 やや良い　　3 普通　　4 やや悪い　　5 悪い　　0 不明・その他	分類
		備考：	
	内容量	1 多すぎ　2 やや多すぎ　3 適量　　4 やや少ない　5 少なすぎ　0 不明・その他	分類
		適量以外の場合⇒適量は？　　　　　　　gまたはcc位が良い。	
		備考：	
	容器形状	1 良い　　2 やや良い　　3 普通　　4 やや悪い　　5 悪い　　0 不明・その他	分類
		備考：	
	容器材質	1 良い　　2 やや良い　　3 普通　　4 やや悪い　　5 悪い　　0 不明・その他	分類
		備考：	
内容物	食味	1 良い　　2 やや良い　　3 普通　　4 やや悪い　　5 悪い　　0 不明・その他	分類
		備考：	
	食感	1 良い　　2 やや良い　　3 普通　　4 やや悪い　　5 悪い　　0 不明・その他	分類
		備考：	
	後味	1 良い　　2 やや良い　　3 普通　　4 やや悪い　　5 悪い　　0 不明・その他	分類
		備考：	
	香り	1 良い　　2 やや良い　　3 普通　　4 やや悪い　　5 悪い　　0 不明・その他	分類
		備考：	
	色	1 良い　　2 やや良い　　3 普通　　4 やや悪い　　5 悪い　　0 不明・その他	分類
		備考：	
仕入見込み	希望小売価格	1 高い　　2 やや高い　　3 適性　　4 やや安い　　5 安い　　0 不明・その他	分類
		適性以外の場合⇒適性価格は？　　　　　円位が適性価格。	
		備考：	
	希望卸価格	1 高い　　2 やや高い　　3 適性　　4 やや安い　　5 安い　　0 不明・その他	分類
		適性以外の場合⇒適性価格は？　　　　　円位が適性価格。	
		備考：	
	購入意思	●現状容器・中身・価格（卸・小売）の場合、今後仕入れしますか？	
		1 仕入れする　　2 検討する　　　　3 仕入れしない　　0 無回答	分類
		「仕入れする」以外の場合⇒理由は？	
		備考：	

備考

（3）調査結果の集計と分析

　調査活動が終了したなら「調査結果集計表（一覧表）」を作成する。フォーマット作成にあたっては、分析や報告書作成の時にはグラフ等ビジュアル化し易いよう心がける必要がある。

　図5は「店頭状況調査票/目視調査（図2）」の集計表サンプルである。

　分析にあたっては、カテゴリーごとに集計し直すことによってカテゴリー間に明確な差異があるか否かを確認する。明確な差異がある場合、差異の発生理由を解明・分析する。

調査分類	カテゴリー①	カテゴリー②
消費者ニーズ調査	属性	性別、年齢別、職業別、エリア別、他
	包装・容器	パッケージ・デザイン、ネーミング、内容量、容器形状、容器材質、他
	内容物	食味、食感、後味、香り、色、他
	購入意思	希望小売価格、適正価格、購入意思、他
店頭状況調査	店舗状況	業態別、店舗規模別、エリア別、立地条件、清潔度、接客対応、来店客数、来店客分類、他
	地域産品売場	専用売場・コーナー、専用POP・什器、取り組み姿勢、他
	陳列状況	商品名、容量、単価、フェース、陳列場所、POP、他
卸問屋・販売店調査	属性	業態別、納入先別、店舗規模別、他
	包装・容器	パッケージ・デザイン、ネーミング、内容量、容器形状、容器材質、他
	内容物	食味、食感、後味、香り、色、他
	購入（仕入）意思	希望卸価格、適正価格、購入（仕入）意思、他

＜図5＞

●店頭調査結果集計表1
対象店舗の概要

業態 / 店舗規模 / 立地条件 / 清潔度 / 接客対応 / 来店客数 / 来店客分類（男女別・年齢別・職業別・居住圏別） / 地域産品専用売場スペース（専用売場・専用POP・什器・取り組み姿勢）

	店舗名 / 店舗住所
1	
2	
3	
4	
5	
6	
7	
8	
9	
10	
合計	
平均	

●店頭調査結果集計表2
対象店舗の地域産品取扱状況

商品名 / 商品2 / 商品3 / 合計（容量・単価・フェース数・定番・特設・POP）

	店舗名 / 店舗住所
1	
2	
3	
4	
5	
6	
7	
8	
9	
10	
合計	
平均	

（４）調査結果報告書の作成

　報告書の提出先を、依頼されたクライアントで想定したケースである。このケースでは、産地の農林畜水産業者や商工業者及び各種支援機関である。関係者各一同が消費の現場（消費者、卸・販売店、他）の理解と開発予定・既存商品の販売量と販売エリアの拡大に向けての課題と解決策を見出し、現状認識と課題解決への方策といった価値観を共有化することが重要である。したがって、報告書作成にあたっては、集計結果数字の羅列ではなくグラフや図表によるビジュアル化に配慮する必要がある。（図６参照）

＜報告書の記載方法（例）＞

項目			備考
Ⅰ.調査活動の概要	１.調査実施の背景と目的	①背景 ②目的 ③他	
	２.調査実施内容	①調査対象・項目 ②実施方法 ③実施件数 ④他	
Ⅱ.営業戦略・戦術提案	１.戦略・戦術上の課題	①総論 ②個別課題	
	２.課題解決への提案	①総論 ②個別提案	
	３.提案実施への準備事項	①総論 ②個別事項	
Ⅲ.分析結果	１.分析結果	①全体 ②カテゴリー別	グラフや図表などによるビジュアル化に心掛ける
Ⅳ.調査結果	１.調査結果集計一覧表	①全体 ②カテゴリー別	添付資料
	２.個別調査票		

＜図６＞

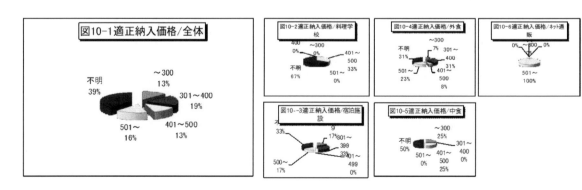

66

《補足資料》

　市場の現状把握は必須である。社会の中で、人がさまざまな場面で、活動・経験したことが市場に影響するからである。販売促進を実践するためのキーワード解説を以下の図で補足しておく。

<<商品企画では具体的な道筋を提示する>>

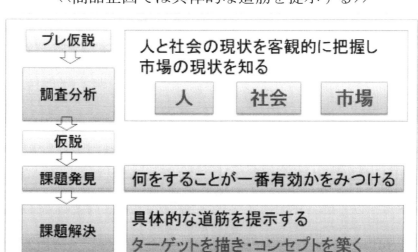

<<代表的な調査方法>>

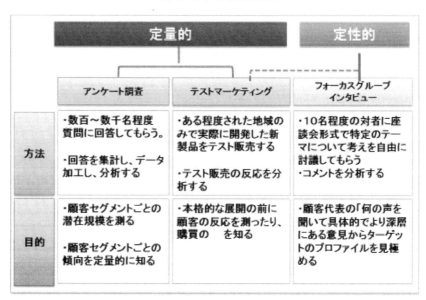

<<人の潜在的なニーズをくみ取る>>

人とその「消費行動」を知る

定性情報	フォーカスインタビュー 1対1のインタビュー、グループインタビュー まち、店、売り場（フィールドワーク）、 メディアなども重要

「なぜ買わないのか」「なぜ買おうとしたか」その行動の理由が重要

人が「ものを決めるとき」「買うとき」の潜在的なニーズをくみ取り
商品企画のアイデアを磨いていくことが目的である

<<課題の発見の仕方>>

やるべきことをみつける

顧客の購入のプロセスから
障害になっているところ、課題のありか
はどこかをみつける。

SWOT分析フレームを活用し、
具体的な課題を見つける

SWOT分析は企業単位、経営に関わること以外にも製品、サービス、ブランド単位で評価するときも活用できる

<<顧客購入プロセスから「課題」をみつける>>
「なぜ買わないか」で考え、失った顧客が「どこへ流れていったのか」

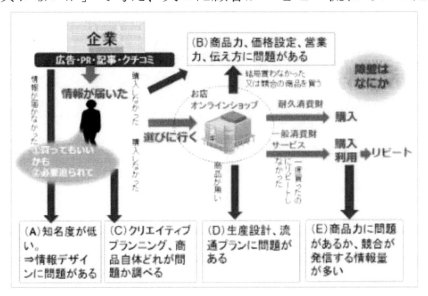

<<ターゲティング>>

主な顧客を定めて描く

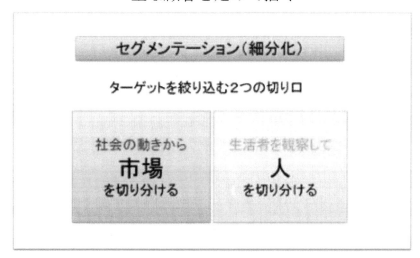

<<ターゲットの絞り方>>

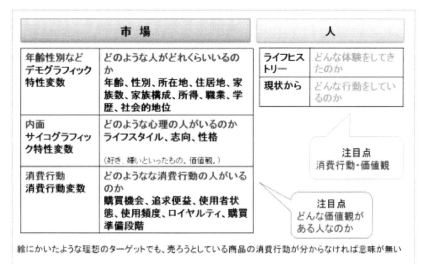

<<ポジショニングのポイントと留意点>>

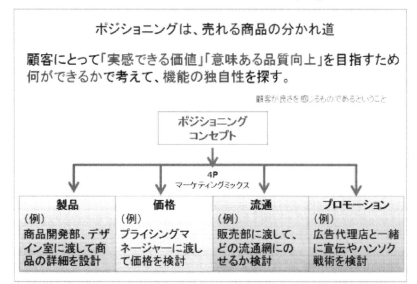

＜＜ポジショニングマップ（例）＞＞

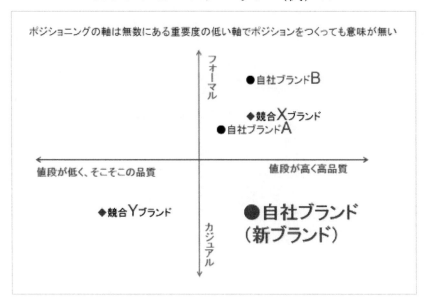

＜＜ポジショニングの軸を決めるポイント＞＞

> ターゲットが
> 「商品の特徴を認識できるか」
> 「位置づけをうけいれているか」

> 市場では
> 「今何が重要だと思われているか」

<<市場の視点と社会>>

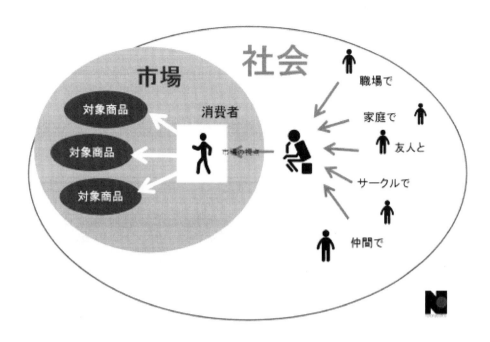

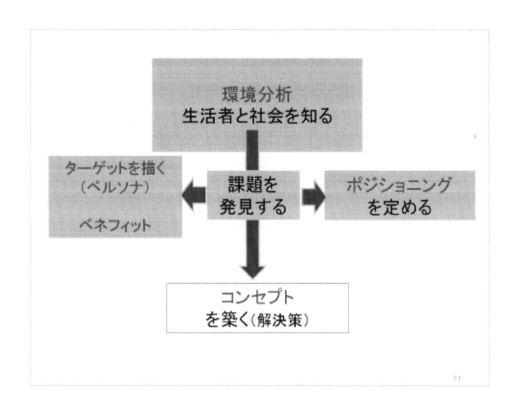

IV．店舗での販促実践編

第1章　インストア・マーチャンダイジング

1．インストア・マーチャンダイジング（ＩSM=イズム）とは

　同一商品であっても売場の各種条件によって売れ方が異なる。如何にして売上向上を図ればよいのかを店頭活動を通して論理的・科学的に追及するのがインストア・マーチャンダイジング（ＩSM=イズム）である。

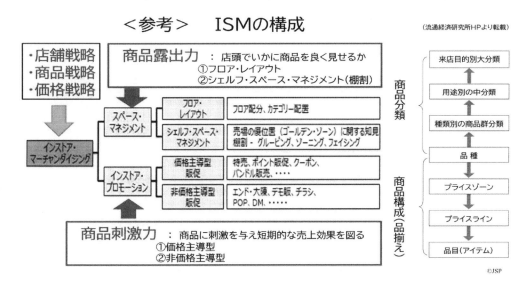

・インストア・マーチャンダイジング（In Store Merchandising）

（以降ＩSMと表記）

　小売店舗において、顧客の購買意識や購買実態の把握を通して、店頭活動のすべてを顧客の要望に適合させ、売場トータルの生産性（売上と利益）を向上させる購買促進技術活動をいう。

　ＩSMの特徴は、従来の広義のマーチャンダイジング（MD：商品、場所、時期、数量、価格政策）を「店頭における品揃えと商品群の配置」と「演出という形の店舗装飾と商品打ち出し」まで落とし込み、マーチャンダイジングの方針を店頭で実現するところにある。ＩSMは、フロア・マネージメントなどのスペース・マネジメント（ＳPM）と店内プロモーション活動などのインストア・プロモーション（ＩSP）の2つに分けられる。（インストア・マーチャンダイジング＜第2版＞　公益財団法人　流通経済研究所　日本経済新聞出版より）

２．店舗戦略からみるＩＳＭのポイント

ISMを考えるにあたり、店舗戦略から具体的にそのポイントを見てみよう。

（１）店舗戦略

店舗戦略とは、店舗のコンセプトと方向性を決定することである。

具体的には、ターゲット顧客層を定めて差別化の戦略を立てる。

・誰に…顧客層（＝ターゲット）を定める。

　　　　　（性別、年齢、家族構成、所得、職業などによる区分）

・何を…ターゲット顧客のニーズ・ウォンツを分析し、提供するベネフィットを決める。

　　　　　（例えば、低価格志向、健康志向、家族で楽しみたい、など）

・どのように…差別化戦略を立てる。

　　　　　どのような「強み」（差別化）でターゲット顧客のニーズを満たすかを決める。

　　　　　（品揃えの特徴、サービスの充実など）

（２）ターゲットの設定とポジショニングを確認する

　ＩＳＭの目的は、客単価のアップである。よって、ターゲット顧客を明確にした上で、顧客の「市場の要求」にかなう商品を選び、「市場の要求」に沿って商品構成（品揃え）を行うことが基軸となる。

①ターゲットを決める　－顧客を絞る－

　「価格」と「流行」の切り口で、顧客をセグメントする例を挙げる。

・価格

店の顧客に合わせて価格ゾーンを設定し、その範囲で品揃えを充実させる。

チープゾーン（割引・特価）	ポピュラーゾーン（一般的）	モデレートゾーン（適正）	ベターゾーン（高級）	ベストゾーン（超高級）

・流行

　同じ年齢、性別でも個人的な感覚の違いで求める商品が異なる。ファション、雑貨分野でよく使われる例で挙げてみよう。

取り入れる ←――――――――――――― 流　行 ―――――――――――――→ 追わない

積極的に取り入れる	少し取り入れる	追わない
アドバンス（表現派、ストリート派など）	アップトゥデイト（洗練、自由派など）	コンサバティブ（正統派、伝統派など）

②ポジショニングの確認

　位置づけを確認する。年齢、所得・価格、人生においての時期（ライフステージ）、感性・嗜好（テイスト）や生活様式・価値観（ライフスタイル）などの組み合わせをマトリックス図に落とし込み、ポジションを確認する。ポジショニングは、さまざまな切り口でバランスをみることで明確になってくる。

<例：専門性と価格>

専門化

低価格　　　　　　　　　　　自店　　　　　　　　　高価格

競合店

総合化

<＜例：価格と場面＞

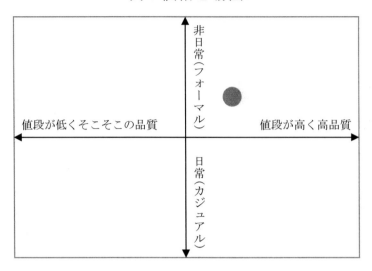

＜例：感度・嗜好（テイスト）と願望・精神年齢＞

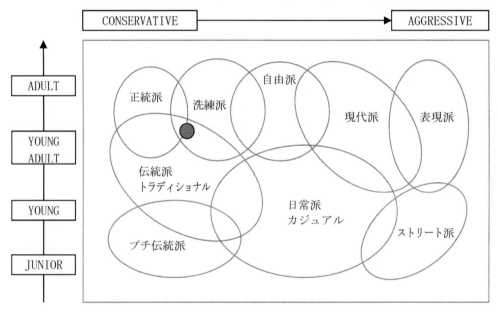

横軸(X)はテイスト。左側ほど保守的。右側ほど革新的
縦軸(Y)は「こうありたい」という願望、精神年齢を表したもの

※図：EMOTIONAL MATRIX BIBLE/坂井 直樹 著（英治出版）

ターゲットとポジショニングを定めたら、具体的な売場づくりへと進む。売場づくりは商品の品種を基軸に「商品分類」と「商品構成」の２つの方向性で組み立てる。

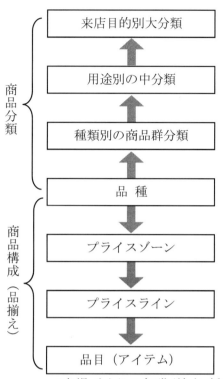

<売場づくりの知識/鈴木 哲夫 著（日本経済新聞社）>

（3）商品分類

　商品分類は商品構成（品揃え）や売場構成を考える上で基本となる。

商品分類の目的は、わかりやすい品揃えの売場をつくることで、顧客が商品

を選びやすくなり購入につなげるためである。従って、顧客の視点から、対

象別、用途別、関心度別に分類し売場を展開していくことが求められる。

<購入者の視点から見た分類基準表>

分類	視点	分類基準
対象別分類	**Who** 使う人は 誰？	エイジ：年齢 ライフステージ：人生の段階 グレード：価格帯 テイスト：感度、嗜好 性：性別
用途別分類	**When** いつ？ **Where** どこで？ **How** どのよう に？	オケージョン：使用場面 時間：使用時間 場所：使用場所

関心度別分類	**What** 何に関心を持つ	アイテム：品目 ブランド：銘柄 素材：原材料、食材、繊維 デザイン：形態、意匠 色：視覚を通して得られる感覚 単品、コーディネート　等 単品：同じ素材、柄、ブランドであってもアイテム別ととらえる。 コーディネート：異なるアイテムを同じ素材などでまとめてとらえる

※図：伊勢丹に学ぶ売れる店作り/武永 昭光 著（ＰＨＰ研究所）

（4）商品構成（品揃え）

　商品構成は、売場の特性が定まり、顧客に支持されるかどうかが決まる重要なポイントとなる。

　商品構成はまず、「プライスゾーン」と「プライスライン」を定め価格帯のバランスを決定することから始める。

・プライスゾーン

　　プライスゾーンとは、商品の価格の幅のことである。

プライスゾーンを広げると、価格の種類は増えるが「何でも屋」的な品揃えになる。

・プライスライン

　　プライスラインとは、売価の種類のこと。中心価格、価格線の二つの解釈がある。プライスラインを絞ることで顧客の購買決定がスムーズになる。

（例）プライスゾーン：「８００円」～「１，５００円」

　　　　プライスライン：「８００円」「１，０００円」「１，５００円」

手順

①アイテムごとにプライスゾーンを決める。

プライスゾーンの設定の目安

・最も高い価格…中心プライスの１３０～１４０％程度

・一番安い価格…中心プライスの７０％程度

　中心プライスが１，０００円とすると、価格の上限が１，３００～１，４００円、下限が７００円ぐらいということ。

②ターゲットにあわせて価格のバランスを決める。

高級	0
優良	３０％
標準	７０％
格安	0

③各価格別に、アイテムごとにプライスゾーンを決める。

高級	１，５００円〜	0
優良	１，０００〜１，４９０円	３０％
標準	８００〜９９０円	７０％
格安	〜７９０円	0

④プライスラインを設定する。

　小刻みな価格を設定しないことがポイントである。

　プライスゾーンとプライスラインを決定したら、次は品揃えを決めていく。品揃えは、「商品ライン」「商品アイテム」の２つの切り口で構成する。

・商品ライン…品揃えの幅の広さ

・商品アイテム…品揃えの長さ・品揃えの深さ

⑤商品ライン

　商品ラインは、「専門化」もしくは「総合化」のどちらにするのかによって売場の特徴が変わってくる。どちらの方向性にするのか店舗戦略に沿うことがポイントとなる。

⑥商品アイテム

　商品アイテムは、「長さ」と「深さ」の２つ視点でラインナップを考える。

・品揃えの長さ ― 取り扱う商品の全アイテム

・品揃えの深さ ― 各商品の種類数

（５）差別化のポイント

　ＩＳＭにおいては、いかに競合店と差別化を図るかが基本となる。店舗戦

略における差別化戦略は、品揃え、価格、プロモーション、店舗と設備などのマーケティングミックスを実施する。MD戦略、プロモーション、店舗と設備の視点から、差別化のチェックポイントを挙げる。

<自店と競合店との差別化を図るためのチェックポイント>

分析の視点		チェックポイント
マーチャンダイジング（MD）		商品ライン（品群・品種の多さ）は広いか浅いか
		商品アイテム（商品ラインの中のアイテム数、品目・単品）は深いか浅いか
		特徴的な品揃えはないか
		鮮度は保たれているか
		商品構成上、各カテゴリーとなるものは何か
		価格帯は自社と比べて高いか低いか
		在庫管理に特徴は見られるか
		仕入れ方法に特徴は見られるか
プロモーション	店外プロモーション	新聞の折り込みチラシのタイミング・頻度・エリア・情報の内容
		テレビ・新聞・雑誌などのマスメディアを通じた広告のタイミング・頻度・エリア・情報の内容
		Ｗｅｂサイトなどでのクーポン発行
		イベントや特売情報の発信
	店内プロモーション	店頭訴求に工夫がされているか
		什器・設備・照明は工夫されているか
		ＰＯＰ広告は工夫がされているか
		店員の商品知識、接客技術のレベルは高いか
		再来店してもらう工夫として会員カードやポイントカードを発行したりして、優良顧客を維持するための顧客管理を実施しているか
		レイアウトが工夫されているか（回遊性を高める工夫）
		陳列の工夫（ゴールデンフェイス、フェイス管理、クロスマーチャンダイジング）されているか
店舗と設備		売場面積
		駐車場の数

	立地条件
	店舗の構造上、不利な点はないか
	付帯設備の充実状況

※図：通勤大学実践ＭＢＡ　店舗経営／グローバルフォース著（総合法令出版）

　また、顧客は、理屈ではなく、直感や雰囲気などで「なんとなく」店を選択する傾向があると思われる。例えば、食べたいもの・欲しいものがありそう、豊かな気分になる、得した気分になる、疲れない、駐車が楽、販売員が親切、安心など。

　店舗は、単に商品が陳列されている場ではなく、店舗自体も魅力を持って来店を促す場でなければならない。「あの店で買い物しよう」と動機づけるには、競合他店にはない個性が必要である。

（6）商品構成（品揃え）による差別化

　顧客に支持されるためには、明確なコンセプトに基づいた説得力のある個性的な商品構成（品揃え）が求められる。また、競合や立地などの周囲の環境にも対応する必要がある。売上高に直結する商品構成（品揃え）は、店舗、売場の生命線とも言えるものであり重要である。

①時代が求める品揃え

　時代のトレンドにあった品揃えは大切である。身近な「食文化」について戦後の食生活からの変遷を例にして、時代が求めるものを眺めてみよう。

　戦後直後の食糧難から高度成長期の飽食の時代へ戦後の食文化は大きく変わってきた。

（第二次大戦後の食文化の変遷）

・飢餓の時代：何でも良いから口に入れる

・栄養の時代：栄養価の高いものを選ぶ

・飽食の時代：お腹一杯に食べる

・美食の時代：珍味美味を求める

・海外素材の時代：珍しい外国食品

・粗食の時代：健康を考えた低カロリー

たとえば、ひとむかし前の百貨店のレストランといえば大食堂方式のスタイルが主流だったのが、今では完全に専門店志向へ変わったことなどが挙げられる。時代によりトレンドは変わり、「市場の要求」に沿うことは、店舗規模の大きさに関わらず必須である。

②個性的な品揃えの店とは

　品揃えで個性を出すということは、「ある分野において、競合店より選択幅を広くする」という意味である。

　３坪の缶詰専門店を例に考えてみよう。種類の豊富さと量、価格では大型店には太刀打ちできないが、「高級」缶詰に限定すれば、その分野に関しては大型店を上回る品揃えが可能である。

　このように、商品の「個性」については、単に価格や量の問題だけではなく、追求すべき専門性は何かを明確にすることが重要である。

　商品ラインの「幅」と「深さ」から具体例を見てみよう。

　・「幅」＝取り扱う商品ラインの数。商品群のこと。

　・「深さ」＝各商品における種類の数。

　たとえば、スポーツドリンクには、「ポカリスエット」「アクエリアス」「アミノサプリ」「ＤＡＫＡＲＡ」「アミノダイエット」などの「幅」（ラインナップ）がある。それぞれの種類には「２００ml」「５００ml」「1.5ｌ」「２ｌ」というサイズがあり、これが「深さ」になる。

③浅い品揃えと、深い品揃え

　品揃えの間口と奥行きの関係を図で比較してみる。

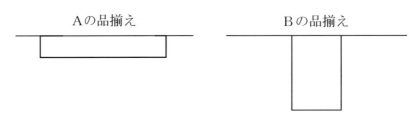

　Ａの店は品揃えの間口（幅）を広げ、多種類の商品を広く扱う「コンビニエンス店」のような品揃えの店である。一方、Ｂの店は扱い商品を絞り込み、限られた中での専門性を追求した品揃えの店である。消費者の持つ情報

82

が多彩になると、次第に深い品揃え（Bタイプ）の店が求められるようになる。

（深い品揃えの事例）

・地域の名産を扱うアンテナショップ：専門領域=「地域」（以下同じ）

・自然食材専門店：「自然食」

・伝統工芸職人の専門店：「伝統工芸職人の作品」

　これらの店に共通するところは、小規模でも充分やっていけるという点である。山椒は小粒でもピリリと辛いということわざを実践している店と言えるだろう。

④個性が商圏を拡大する

　個性的な店は、他の店が品揃えをしていない商品を幾つ持っているかが重要である。「ここの店にしかない」商品構成が個性=差別化につながる。

　「商圏」の視点から、効果を見てみよう。

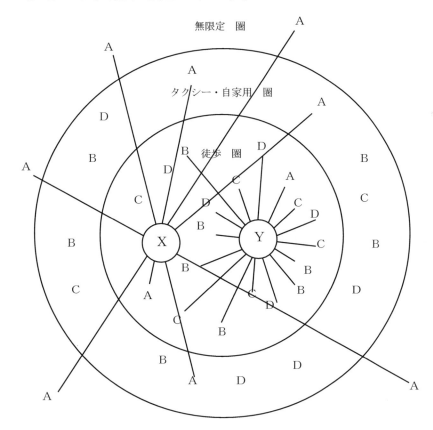

※図：商業空間の計画とデザイン手法/奥脇　文彦　著　（鹿島出版会）

（X）は性格を限定し広い地域から限られた客層（A）を集める。

（Y）は性格をあまり限定しないで、狭い地域の広い客層（A〜D）に対応する。（無限定圏…その店への到着に要する時間や距離が、限定されないという意味。）

「商品の個性」「対象客層」「対象商圏」のうち1つがはっきりすれば2つは決まってくる、ということになる。

（事例：横浜のラーメン博物館）

全国から来店客が押し寄せる人気ラーメン店に特化した博物館。ライバルであるラーメン店同士を1か所に集めることは、従来の発想だと、互いに競争しあって商売が成り立たなくなるはずであるが実際は逆であった。個性のある店が集まることで、新しい集客の吸引力を生み出しているのである。

このように、顧客にとって魅力的な店とは、「深い」品揃えで、商品に「鮮度」があり「魅力的な生活提案」ができる店である。店舗戦略に置き換えると、

・ターゲットの顧客像を明確にする。

・独自の品揃えと商品開発を行う。

・飽きさせない鮮度を保つ。

ということになる。ＩＳＭは、これらのことを念頭にして実施する。

以上、店舗戦略から実践に沿ったＩＳＭのポイントを見てきた。次に、利益を出す仕組みを通してＩＳＭを捉えてみよう。

３．店舗の売上と利益

（1）利益に関わるキーワード

一日の売上　リピート顧客
来店客数　来店頻度　新規顧客　粗利益額
粗利益率　売価設定　仕入原価
客単価　商品単価　買い上げ点数　宣伝費　消耗品
人件費　店舗家賃　水道光熱費　保険
値引　見切り処分　現金違算　在庫消滅　清掃費
什器修理　通信費

　これらのキーワードの組み合わせで店の利益が形成される。個々のキーワードは、プラスに効くものとマイナスに効くものとに分けられる。

（２）売上増で利益を出す

　店の利益は、売上の増加から実現できる。ご存知のように、売上－費用＝利益である。利益を出すには「売上増」「経費節減」の２つがある。

（売上を上げる）

　・売上を上げるには→客数を増やす／客単価を上げる。

　・客数を増やすには→既存客の来店回数を増やす／新規の来店客を開拓する

　・客単価を上げるには→商品単価を上げる／一回の買上点数を増やす

　・扱い商品の利益率を高める

これらのどのルートから利益増を実現するかによって営業方針が決まる。

（３）経費削減で利益を出す

　経費を下げる方法からも利益の増加を実現できる。

（経費を下げる）

・値下げ処分を早めに実施してマイナスを最小限に抑える

・人件費を抑制する

・万引きなどによるロスを無くす

・什器をこまめに手入れして寿命を延ばす

・余分な水道光熱費は削減する

　売上から入る利益増を「プラス側」とすると、経費から入る利益増は「マイナス側」ということになる。双方の組み合わせでより高い効果が得られる。

　ＩＳＭには、現状分析に基づいた施策が必要である。

　次に、販売分析と価格戦略について解説する。

４．販売データ分析

（１）店舗の販売特性を把握する

　店の立地、扱う商品によって特有な販売動向が見えてくる。

　営業特性を数値として把握する単位は次のようなものがある。

・年間の暦や季節帯。

・月別（月初〜月中〜月末）

・一日の時間帯（午前中〜午後〜夕方〜閉店前）

　これらの単位で、店の繁忙期と閑散期を測り店舗運営を効率よくコントロールする。たとえば、百貨店では、年間を通して比較的来店客の少ない2月と8月に営業時間を短縮して棚卸しを実施する。歳末など来店客が増加する時期に向けて店の販売体制を整え機会ロスを減らす、などがある。販売特性を把握することで、より効果的な店舗管理運営が可能になる。

（２）利益貢献度表の作成

　利益貢献度表とは、商品群別に利益貢献率をまとめたものである。

（月間実績）

	売上額（売上構成比）	粗利額（粗利構成比）
A商品群	４１万円（１３％）	１２万円（１２％）
B商品群	１２８万円（４０％）	３２万円（３０％）
C商品群	６７万円（２１％）	２３万円（２２％）
D商品群	８５万円（２６％）	３８万円（３６％）
合計	３２１万円（１００％）	１０５万円（１００％）

　売上構成比と荒利構成比は必ずしも一致しない。売上額より利益の高い商品群を見極め、商品戦略を練ることが重要である。

（３）利益の伸び、貢献度表の作成

　月々の利益の増減は、どの部門によってもたらされるのか、数値で比較するための表である。利益の増加に寄与した商品群、反対に脚を引っ張った商品がこの表を作成することでクローズアップできる。粗利金額だけではな

86

く、利益の増加がどの商品群でもたらされるのかが見えてくる。

（月間実績）

	前月粗利額	今月粗利額（前月比）	
A商品群	１２万円	１４万円	２万円
B商品群	３２万円	３３万円	１万円
C商品群	２３万円	２９万円	６万円
D商品群	３８万円	３７万円	▲１万円
合計	１０５万円	１１３万円	８万円

（４）マイナスの利益貢献度（値下げ、廃棄、品減り）表の作成

　マイナスの利益貢献度表とは、利益を圧迫している要素を洗い出すものである。利益は、これらのマイナスを上手くコントロールすることから増加するということを念頭に置くことが重要である。

（月間実績）

	値下げ額	廃棄額	品減額	ロス合計
A商品群	１５万円	０．３万円	１万円	１６．３万円
B商品群	２０万円	１万円	２万円	２３万円
C商品群	３０万円	０．７万円	１．５万円	３２．２万円
D商品群	３５万円	１万円	２．５万円	３８．５万円
合計 構成比	１００万円 （９０％）	３万円 （４％）	７万円 （６％）	１１０万円 （100％）

　売上貢献度表と利益貢献度表は、よく似ているが内容は違う。最終的な利益は、値引販売した商品の見切り処分した「損切り額」を算入する必要がある。※「損切り額」とは、仕入れ原価を割って販売した額を指す。

５．価格戦略

（１）利幅の調整

　売価の設定は、売上を左右する重要な要素である。ただし、仕入れ価格に一定の比率で粗利益を乗せて販売価格にする方式ではなく、商品毎に利幅の調整が必要である。

・他店には無いオリジナル商品⇒利幅を大きく

・他店も扱う一般的な商品⇒利幅を小さく

というのが標準的な考え方である。販売個数や、店頭在庫の回転数を見ながら全体で目標荒利益が得られるように価格を調整する。

（2）競合店の価格との調整

　競合店の価格情報を把握した上で自店の価格を設定する。

	競合店の価格	自店の価格
商品　A	同　じ	同　じ
商品　B	高　い	安　い
商品　C	安　い	高　い
商品　D	同　じ	同　じ
商品　E	高　い	安　い

　単に価格競争に陥らず、競合の価格と自社の損益分岐点や顧客に支持される価格帯のバランスをとることが重要である。

（3）価格の単位を変えてみる

①販売単位を変える

　商品の価格をみると、個数単位、容量単位でつけられている。ジュースは一本単位、缶詰は一缶、食器は一個いくらという具合である。この販売単位を変えて見ると、新しい商売の方法が見えてくる。

　（例）

・味噌１００グラム単位を、半分の５０グラム単位で量り売りする。

・商品が複数入った箱売りのセット商品を1個単位で販売する。

　価格は商品によって調整するが、価格設定を変えるだけで商品が新鮮に映るものである。

②重量、容量単位に変える

　食品を重量で売る方法を応用すると、別の価格設定も考えられる。例えばペットフードの缶詰を高さで売る、古本を何でも一律、厚さで売るという方法である。

　価格単位を変える手法は、実際に、見切り処分品のワゴン販売を行う際などに、よく使われる手法である。価格設定の単位を調整したり、対象商品をコントロールすることで採算の調節ができる。

６．新規商品の導入とＩＳＭ

　来店客に継続して購入してもらうためには、常に売場が新鮮でなければならない。売れない商品がいつまでも店内に残っていると、売れる商品も来店客の目に留まらなくなってしまう。店頭の鮮度を高め、店内をリフレッシュするために、新規商品を導入はＩＳＭにおいて大きな意味を持っている。

（１）新規商品の役割

・これまで店に見えた来店客の、来店を繋ぎとめる。

・新しい商品の追加購入で、客単価を上げる。

・品揃えの片寄りを測る物差しとする。

・未だ来店していない新しい来店客を吸引する。

・未知の可能性を探るアンテナとして利用する。

　新規商品を選ぶ際は、売場にどのような役割を期待して仕入れるのか、予め設定しておくことが重要である。

（２）データ分析による新規商品の導入

　どのような新規商品を導入するのか決めるのは、基本は販売データの分析である。幾つかに分類した商品群ごとの在庫回転数を比較し、回転数の高い商品群に関連する新規商品の導入を図るとよい。

※在庫回転数とは、ある商品の販売量を一定期間で、どれだけ販売できたかを測る尺度である。例えば１０個の展示量の商品を１週間で３５個販売した場合、週間の在庫回転数は３．５回となる。

（3）新規商品のスタートアップ

　新規商品の導入は、最少ロットで仕入れることからスタートすることになる。概ね、１週間で売り切れる量くらいからスタートすることが多い。４、５日で販売のスピードが見えてくるので、いつ、どれ位の追加仕入をすべきかの目安がつくためである。販売スピードが未だ見えない段階で大量仕入れを行うと、そのままデッドストックとして残ってしまうリスクがある。

（4）新規商品のインストア・プロモーション

　店頭における新規商品のプロモーションは、次のことに留意する。

・新商品であることを目立つように告知する。

・レイアウトの目立つ場所に展示する。

　仕入れた新商品を、一気に展示してインパクトを出す方法もあるが、計画的に紹介していく方が効果的な営業を続けることができる。

　販促媒体として、街頭で配るチラシ、住宅へ投入するパンフレットなどがある。「今週のお買い得」、「新商品案内」などを継続して訴求していく。

　※インストア・プロモーションについては「８．店内販促」で詳しく解説する

（5）新規商品が占める売上比率

　新規商品が全体の売上に対して、どれ位の比率になっているかを算出する。目安は３ヶ月間に導入した新規商品の売上比率を算出し、時系列の変化を継続的に把握する。

	１～３月	４～６月	７～９月	１０～１２月
新商品の売上	２万円	７万円	１５万円	２５万円
全体の売上	２００万円	２５０万円	３００万円	２５０万円
新商品の売上比	１％	２.８％	５％	１０％

　新規導入商品の貢献度が高いほど、店の活力が有ると判断できる。更に、初年度、２年目と前年対比ができるようになると、興味深い資料になる。

7．在庫管理とISM

適切な在庫管理は、販売機会を最大にし、MD戦略をはじめとするISMの効果を最大限に引き出す要素となる。

（1）適正在庫を見極める

在庫は次のように分類される。

　・最低在庫・・・「ゼロ欠品」しないための最低必要量の在庫、棚の品薄感がある在庫。

　・適正在庫・・・在庫が不足や過剰在庫が起こらない、一番効率よく販売できる在庫。

　・過少在庫・・・適正在庫を下回り、発注が遅れて「ゼロ欠品」になる恐れがある在庫。

　・過剰在庫・・・余計な発注を繰り返し、商品が古くなり魅力低下などが起こる在庫。

商品の種類によって適正在庫の値は異なるが、目安としては一週間の販売数の2倍程度あれば売り逃がしを最小に留められると言われている。（年間を通して見た場合26回転することになる。）

（2）商品のポートフォリオ

ポートフォリオとは、本来は資産運用を行う際のマトリックス分類であるが、これを商品に応用したものである。

・売れ筋商品…荒利は少ないが、販売個数で金額を稼ぐ商品。

・死に筋商品…見込み違いで売れ行きの脚を引っ張る商品。

・利益商品…派手さはないが、確実に利益をもたらす商品。

・見せ筋商品…来店客の目を引き、フリー来店を促す商品。

（活用例）

商品を分類したら、次のように、それぞれの扱いを決めていく。

・売れ筋商品…この商品は競合店も扱っている場合が多い。販売数を稼ぐた

めに価格は低めに設定し、目立つ場所で大量販売を狙う。

・死に筋商品…見切り処分の対象品である。原価割れを厭わず処分する。対応スピードが最も求められる。

・利益商品…オリジナル商品など、利幅の高い商品である。一定のサイクルで新しい商品を開拓していかないと、次第に販売数は低下する。商品の回転に注意を払う。

・見せ筋商品…ある意味では来店客の目を引くアンテナ商品である。来店客の反応によっては、利益商品へ分類替えも可能である。

　適正在庫を見極めるためには、複数の切り口で分類、分析することが重要である。ひとつのパターンに捉われずに自在な分類を試みると、商品の多彩な側面が見えてくるだろう。

（3）期間による在庫推移

　週ごとの仕入れ、販売、在庫一覧表である。個々の単品ごとに作成するのが理想であるが、商品分類ごとにまとめてカウントしてもよい。

	第1週	第2週	第3週	第4週	第5週	第6週	第7週
週初在庫	15	8	9	18	7	12	14
仕入れ	0	10	15	0	10	10	10
販売	7	9	6	11	5	8	11
週末在庫	8	9	18	7	12	14	13

（4）スペース・マネジメントに活かす

　在庫管理の目的は、商品の稼動状況を確認し、さらにはより高い販売を実現するための仮説を見つけ出すために行うものである。販売金額、在庫回転、獲得利益を把握した上で展示位置、並べる順番、フェイス数などを調整しスペース・マネジメントを行う。

※フェイス数とは、来店客から見た商品の列のことを指す。同じ商品を縦2

列に展示している場合、2フェイス陳列、4列の場合は4フェイス陳列となる。

※売りたい商品のフェイス数を多くすると、来店客の目に止まりやすくなり販売数も伸びる。

8．店内販促（インストア・プロモーション=ＩＳＰ）

（1）店内販促（インストア・プロモーション=ＩＳＰ）とは

店内販促（インストア・プロモーション=ＩＳＰ）は、ＩＳＭの構成要素のひとつで、来店した顧客が実際に商品を見て、欲しくなるように商品の刺激力を高めるプロモーションのことである。

主なものとして、

・催事・イベント　　　　　　　　・新商品拡売

・試食・試飲・サンプル配布　　　・定番商品および新商品の販促

・時間販促　　　　　　　　　　　・売り切り販促

・天候販促

などがある。

店内販促のポイントは、

・商品の品質、機能、デザインなどの商品のメリットとベネフィットを伝え購入につなげる。

・顧客が、欲しくなる時期、買いたくなる時期に提供する。

・商品の価値を最大限に表現する。

ことである。

（2）年間販促スケジュールと売場づくり

店内販促は、売り場の機能と連動して、4Ｗ1Ｈを意識して行うことが大切である。

誰に	ターゲットの来店客	入店客、通行客など目的や企画による
何を	どの商品を	売れる、売りたい重点商品
いつ	紹介時期・拡販時期・処分	売れる、売りたいときに

	時期	
どこで	レイアウト、ステージ	目立つ場所で
どのように	陳列、ディスプレイ、ＰＯＰなど	表現方法

　年間販促スケジュールと売場づくりを連動させチラシ広告などで、顧客にＰＲする。店内販促活動は年間５２週にわたりプランを立てる。

　チラシに掲載したプロモーション対象商品は、目立つように売場のステージにディスプレイし、ＰＯＰで訴求する。百貨店などでは、人に行き来が多く目につきやすいエスカレーターやエレベーター前がディスプレイのフォーカスポイントとなる。

（３）販売計画

　年間のシーズンごとのテーマから販売計画を立てる。

　（期間の区分）

・季節・・・・・春、夏、秋、冬

・週・・・・・・５２週

・記念日など・・２０回程度ある

　暦上の記念日「母の日」「敬老の日」、生活上のイベント「入学、卒業」「クリスマス」人生の通過儀礼「七五三」「成人式」など「ハレ」の日を利用したプロモーションを計画する。販売計画を実施することで、来店頻度アップ、売れ筋商品の発見にもつながる。

　また、回転が速い最寄品、買い物頻度が低い大型商品など、商品の性格に合わせ、無理なく継続できる期間にする。

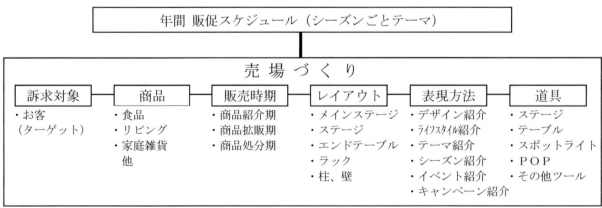

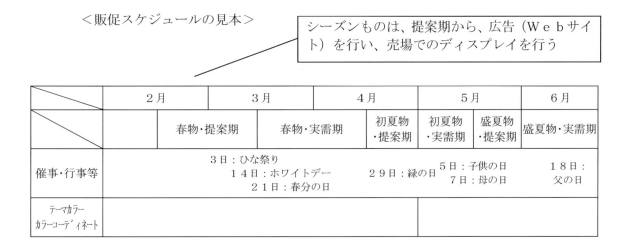

＜販促スケジュールの見本＞

シーズンものは、提案期から、広告（Ｗｅｂサイト）を行い、売場でのディスプレイを行う

	2月	3月	4月	5月	6月
	春物・提案期	春物・実需期	初夏物・提案期	初夏物・実需期 / 盛夏物・提案期	盛夏物・実需期
催事・行事等	3日：ひな祭り 14日：ホワイトデー 21日：春分の日		29日：緑の日	5日：子供の日 7日：母の日	18日：父の日
テーマカラー カラーコーディネート					

9．店舗の外観デザイン

ＩＳＭのスペース・マネジメント（ＳＰＭ）の対象は店内がメインであるが、ここでは、店への入りやすさを考えるにあたり、店舗の外観まで範囲を広げて総合的な視点で見ていく。

（1）店舗の外観

外観の目的は、「お店のコンセプトを表現し、商品やサービスを来店客に伝える」ということである。一目見て、「入ってみよう」と思ってくれる外観を意識したものでなければならない。（街を通る人が、ショーウインドーを見て入るか入らないか決めるのは11秒といわれている）。

たとえば、ロードサイドにある単独店の場合、建物のそのもので取扱商品を思い浮かぶようにすることが必要である。ビルの中に入っている店舗の場合は、ファサードのデザイン、看板、色などを工夫する。

①外観のデザイン

外観のデザインは、「何のお店か」ということだけではなく、「買いたい商品が買えそうな価格であるかどうか」を外観で判断できるデザインでなくてはならない。

②外観のチェックポイントについて

・店舗の外観（ファサード）は店の業種業態をはっきり表現しているか。

業種業態らしいイメージ、デザインになっているか。

・競合店と比較して、魅力ある外観になっているか。また遠くからでも目立つか

（外観全体を識別できるのは、建物の高さの約３倍の距離といわれている。高さが４メートルであれば１２メートル先から「何のお店なのか」分からなければ十分に気付かれない。）

・入口は業種業態に適した形になっているか。

③店頭閑地（フロントスペース）

・間口の広さ：店舗の特徴に合ったものかどうか。

・ショーウインドーやガラススクリーンのディスプレイ

・イベントなどの特定商品のデモンストレーション

・サインは見やすい文字、位置にあり、来店客の誘導が効果的にできているか。

（２）その他の店舗設備

①看板

・照明を工夫する。

・動きをつける。

・色彩を工夫する　　　、など。

②駐車場

・店舗規模に合った駐車場が確保できているか。

・来店客のストレスを最小限にとどめるためのスペース確保や警備員の配置など。

１０．フロア・マネジメント

　店内のフロア・マネジメントはＩＳＭ施策のひとつであるスペース・マネジメントにあたる。フロア・マネジメントでは、来店客に店内を回遊してもらい、商品と接触する機会を増やすことで買上単価を上げる「動線長を最大化」するレイアウトをつくることが重要である。

（店内を長く歩いてもらうためのチェックポイント）

①動線を長くする

・マグネットポイントをつくる。　　　　・陳列の連続性をつくる。

・商品の位置に関連性を持たせる。　　　・店内を見通しよくする。

・通路幅を確保する。

②奥への誘導

・マグネットポイントをつくる。　　　　・陳列の連続性をつくる。

・商品の配置に関連性を持たせる。　　　・店内を見通しよくする。

・通路幅を確保する。　　　　　　　　　・店奥の照明を明るくする。

③出入口と通路

・通路幅の確保　　主通路：１５０～２１０ｃｍ（大型店の場合は３３０ｃｍ）、副通路：９０ｃｍ以上、レジ前：１５０～２００ｃｍ

（１）回遊性を高める店内のレイアウトについて

　回遊性を高めるレイアウト設計は、来店客が入口に足を踏み入れてから、もっとも遠い売場までいかに誘導できるかがポイントになる。

・レイアウトの基本は、「お店に入りやすい」「店内を回りやすい」「外に出やすい」ことである。

・レイアウトの目的は、店側が期待する通り、「来店客に売場を歩いてもらう」ようにすることである。

　ポイントは、単純明快にすることである。注意点として、強制的な一方通行、遠まわりや行き止まりをつくることは心理的な疲労度が増すことになるので避ける。大切なことは、来店客にとって「分かりやすい、買いやすい配置」であるか、どうかである。通路の配置とともに売場や什器をどう配置するかも重要である。

（２）入口と出口の設定

　レイアウトと店内動線は、入口と出口の位置から考える。出入り口の設定は、小型店では中央に入口と出口を兼ねることが多いが、間口の広い店で

97

は、入口と出口は右、左と分かれる。一般的には、「向かって左側を入口。右側を出口」と考えられている。その理由は、多くの人は右足が利き足になっているため支持足である左足を中心に左曲がりになるといわれている。また、心臓が左側にあるので、左から入って、壁に沿って右回りに歩く習性があるといわれているからである。ただし、店舗の立地環境などによって変わる。

（出入り口の種類）

入口は大きく分けて「オープン型」と「クローズド型」がある。

・オープン型…入口が広く開放感がある。外から売場の様子や商品がよく見えるので、買い物目的が合えば安心して入ることができる。比較的低価格の商品を売っている店に多いタイプである。

・クローズド型…入口が狭く、閉鎖的な感じがする。売場の様子や商品などが外からはよく分からないので初めての来店客には入りにいくい感じがする。固定客向きで、滞留時間が長く、じっくり良い商品を選んで買える店を望む来店客にはこのタイプが合う。高価格、高級ブランド店など、専門店に多いタイプである。

ほかにも、外観イメージは高級店だが入りやすいオープン型など、この二つの「折衷型」がある。

（３）レイアウトの手順

①通路の確保

入口から奥まで誘導するために、主通路をとり、次に、副通路を確保する。

②商品を売る場所の確保

商品分類に基づき、

⇒大分類（来店目的別の分類）によって店内を区分する。

⇒中分類（使用目的別の分類）ごとに売場を決める。

⇒小分類（商品区分）ごとに陳列什器を割り付ける。

⇒品種ごとに陳列位置を決めていく。

（４）通路幅に差をつける

　来店客が買物しやすい通路幅の確保は売上にも影響する。店内の通路幅を統一すると、見た目にはすっきりするが歩き難いと感じることがある。よって、通路幅は、強弱をつけて幅を変えておく必要がある。

（通路幅のとり方）

・レジスターの前は、ゆとりをもって開ける。

・品定めに時間がかかる売場の通路は広くとる。

・所々に、すれ違い、溜まりのスペースを設ける。

　これらの工夫を加えることで、来店客の流れはかなりスムーズになる。

（通路幅の算出）

　・通路幅の基準

　　４５ｃｍ×２＝９０ｃｍ

　・大型店や時間によって来店客が集中する店

　（４５ｃｍ×２）＋（６０ｃｍ×Ｘ）

　・基本となる通路幅　　　　　　　９０ｃｍ

　・１人が通り抜けられる幅　　　　６０ｃｍ

　通路幅は、何人分の広さ（Ｘ）をとるかで算出する。

　（例）

・小型店…主要通路　　１５０～２１０ｃｍ、副通路　　９０ｃｍ

・大型店…主要通路　　３３０ｃｍ、副通路１５０～２１０ｃｍ（食品売場）

（５）展示位置による売れ行きの差

商品をどの場所に陳列するかで売れ行きに差が出てくる。

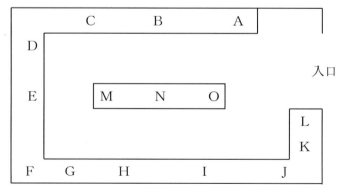

①移動動線を延長する工夫

　展示位置によって役目が違う。Ａ、Ｏ、Ｌ、Ｋは、外を通る人の目を引い

て店内に呼び込む役目、DとFは奥まで線を吸引する役目である。D、E、Fにはスポットライトなどをあてて、目立たせる工夫を凝らす場所である。

②移動動線の確認方法

　レイアウトの問題点を調査する手法がある。動線トレース法である。

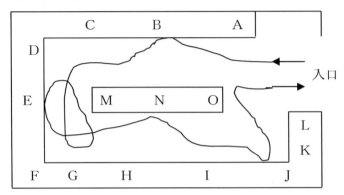

　店内の見取り図を用意し、一人の来店客が通った跡を線でなぞって行く方法である。３０人程度の来店客を観測して重ね合わせると、店内の動線の濃淡を一覧できる。

③移動動線による問題把握

　一人一人では見えない移動動線も、重ね合わせると傾向が浮き上がる。

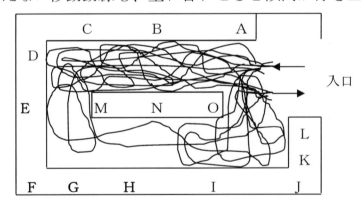

　１０人程の移動動線を重ね合わせた例である。E、F、G、Hの近辺に来店客の目が向いていないことが分かる。また、A、B、C側の通路は狭すぎないか、という疑問も湧く。実態把握をすると、店を客観視できる。

④実態からの解決方法

　図の実態からの解決方法として、

・通路を広くする。

・１つの売場を曲がり角で区切らない。

・マグネットスペースを設ける。

・商品分類を見直す。

などが考えられる。

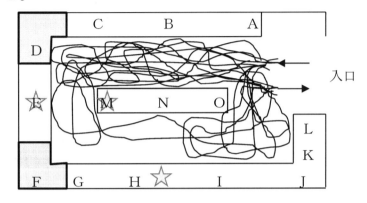

・曲がりで売場を区切らない理由…次の売場が目に入るところで切らない
　と、連続性が途絶え品揃えの豊富感が無くなる。したがって、先へ進んで
　もらえなくなる。

・マグネットスペース…マグネットスペースとは、来店客を引きよせるポイ
　ントのことである。目的購入商品、流行商品、季節商品などの注目商品を
　配置する。マグネットスペースは、実態に沿った客観的な視点から配置す
　ることで、回遊度の高い売り場にすることができる。

<＜マグネットポイント配置例＞

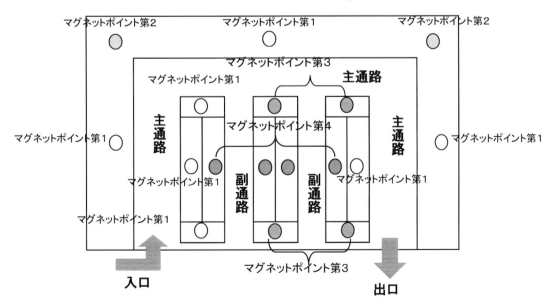

１１．売場のマネジメント

売場のマネジメントは、来店客に、商品を見てもらい手に取ってもらうために、効果的に棚割・陳列し（スペース・マネジメント＝ＳＰＭ）、注目してもらう施策を実施する（インストア・プロモーション＝ＩＳＰ）ことが重要である。売場マネジメントのポイントは次のとおりである。

・見やすさ：売れ行きに応じたフェイス数の調整などを行う。

・手に取りやすい：有効陳列範囲を定める。

・選びやすい：色や照明を工夫し見やすさや商品の魅力を引き出す。

・分かりやすい：ＰＯＰの設置、ディスプレイで分かりやすくする。

（１）アイドマとインストア・プロモーション（ＩＳＰ）

　消費者の購買心理を分析した「アイドマ」を、ディスプレイやＰＯＰ作成に応用する。

　（ＡＩＤＭＡ理論）

・A　　Attention　　注意を引き付け

・I　　Interest　　興味を抱かせ

・D　　Desire　　欲しいと思わせ

・M　　Memory　　記憶に残し

・A　　Action　　買物行動を起こす。

（２）ＰＯＰ

　Point of purchase ポイント・オブ・パーチェス＝通称ＰＯＰは、店頭広告という意味である。ＰＯＰは、販売員の代わりに商品情報（商品の価値・機能・価格）を説明してくれるものである。

（ＰＯＰの種類）

・広告掲示…その商品が広告の品であることを示すもの。

・ショーカード…商品の価値などアピール事項を記入し強調する。その商品に気付いていない、あるいはその商品の価値を知らない来店客に知っても

らうための広告。大きさ、形、色合いなどを工夫し、価格も同スペースに記入して、プライスカードを兼ねる場合もある。

・品名プライスカード…商品名、価格などを表示する。

・分類掲示…商品分類を表示する。

（3）スポットライトの活用

ディスプレイの照明計画は、光による演出性を強調するものであり、好適照明といわれる一般的な計画とは異なる。注視させる、演出を強調させるには、代表的なものにスポットライトがある。スポットライトはごく一部を照らすことに特化したランプである。植物や工芸品などは、熱くなりにくい、クリプトンやＬＥＤのスポットライトを選ぶなど、商品にあわせ、最適なスポットライトを選定する。店内の明るさに濃淡をつけると、店内の移動動線を長く導くことが可能になる。電気代の節約になるだけではなく、商品そのものを魅力的に見せる効果が期待できる。

ディスプレイテーブル、棚、壁面にスポットライトをあてる際は、

・ハロゲンランプなどを使用した小型器具を使う。

・提示する商品の数を絞る

・発色の良い鮮やかな色の商品を前面に置く。

ほかに、ディスプレイテーブルにクロスなどを敷く、棚の壁面、天板の色を変えるなど工夫も必要である。

天井や壁から投光する方法もあるが、天井や壁のスポットライトでは、照らしたい商品が遠くて一点集中して照らせない、または光が届かないことがある。その場合は、スタンド式のライトで、ごく限られた範囲だけに照明をあてる。また、色の配色も重要である。明るい色を使うと華やかな店内になり、店内に入った来店客の目は、必ずそこへ引きつけられるはずである。

（店舗の照度基準）

店舗の重点部やショーウインドーは店内一般の３倍の照度が必要とされている。

（照度基準）

・店内全般…３００～７５０ルクス

・ショーウインドーの重点部…３０００ルクス

・店頭・店内重点ディスプレイ…２０００ルクス

　カタログからスポットライトを選ぶときは、カタログに照度分布図が掲載されているので、照らす場所とスポットライトの設置場所（できる場所）との距離を確認して選ぶことをおすすめする。

　照度とは、どれだけ対象物を「照らしている」かを表す指標。机の上や部屋などの明るさを示す。単位はルクスである。例えば、同じ光束を放つ電灯では近くにある本よりも、離れた場所にある本の方が暗くなる。これを照度が低いという。（光源を表す単位はカンデラ）

<照度分布図>

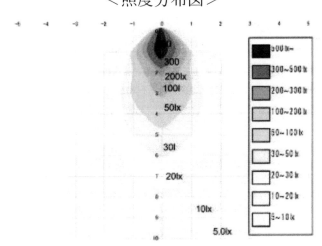

（４）商品の陳列

　商品陳列の基本は、来店客にとって探しやすい、見やすい、選びやすい、手に取りやすいことが大切である。探しやすくするには、異なる品種の関連のさせかたなど、購買者の立場に立った理由づけが必要である。

・見やすくするには、商品の大きさ、形、色などにより高さを選ぶこと。

・選びやすくするには、比べることのできる陳列にすること。

・手に取りやすくするには、手の届く、触っても崩れにくい安定した陳列にすること

104

①有効陳列範囲

手の届く陳列の高さ

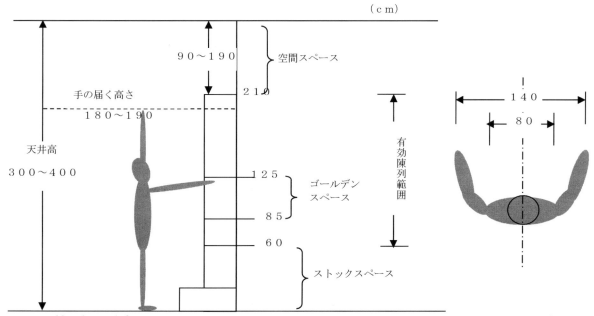

・手を伸ばせば商品が取れる…１５０〜１８０ｃｍ

・前屈して商品が取れる…６０ｃｍ

・最も商品をとりやすい…７５〜１５０ｃｍ

・左右の方向に手が伸びる距離

・体の中心から手の届く距離…９０ｃｍ

・ゆとりを持って届く距離…４０〜７０ｃｍ

②目線の考え方

　歩行の足跡と同時に、視線の動きも観察して見る。来店客は正面だけではなく左右へも視線を向けながら店内を歩いている。視線が集まりやすいのは来店客の胸元辺りの高さである。「床から１００〜１２０センチメートル位の高さ」ここが目に止まりやすく手に取りやすい位置である。子供客を相手にする場合は、最適位置が変ってくる。児童が楽に手を伸ばせる位置を、対象年齢ごとに確認してみることである。

③ゴールデンスペース

<ゴールデンスペース>

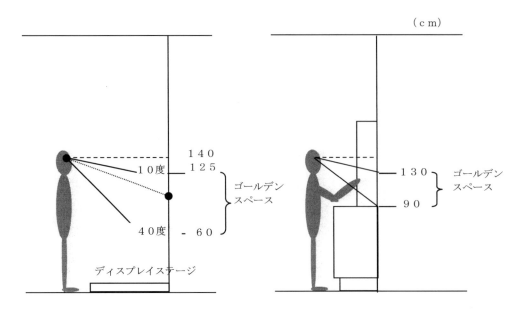

　ゴールデンスペースとは、最も売り上げを期待できる陳列範囲をいう。一般的に、ゴールデンスペースは、平行の目線より２０度下がったところを中心に、その上１０度、下２０度の間である。見る位置（距離）によってゴールデンラインの高さは変わる。見せる場所と来店客の立ち位置によって陳列、ディスプレイ位置を変えることが必要である。

（５）ディスプレイ

　ディスプレイで見せるというのは、きれいに見せるという意味だけではない。重要なのは、商品の特性をどのように表現すれば伝わるかということである。

①ディスプレイ方法

　ディスプレイは商品の特性により以下の方法がとられる。

　（単品で見せる）

　たとえば、Ｔシャツやセーターなどは、定番比率が高く、多くの販売量が期待できるので単品で訴求するのが効果的である。

　（比較させる）

　販売強化商品を強調したいときは、他の商品と比較させることで目に留まりやすくする効果が得られる。

　（同一商品を複数みせる）

106

色、柄など種類が多い商品は複数見せ、楽しさ、豊富さを表現する。

（関連させる）

関連商品をコーディネート提案したり、メインの商品の隣ディスプレイすることで、ついで買いを促す、などがある。

ディスプレイで注意することは、装飾物を過剰に使用せず、商品中心に発想することである。ディスプレイが雑然として、まとまらない場合は、形、色、高さ、材質など、何らかを統一すると良い。逆に整然としたところに雑然さを少し組み込むことで、変化や親しさを演出することもできる。光や色、空間における位置関係によっても見え方が変化する。店内全体のバランスをみながら行うことが大切である。

②ディスプレイのスペース（VMD：ビジュアル・マーチャンダイジング）

ディスプレイスペースは、大きく３つの役割で分けられる。

・ＶＰスペース（ビジュアル・プレゼンテーション）…テーマに基づき、新商品や需要期商品などの重点商品を展示演出する。

・ＰＰスペース（ポイント・オブ・プレゼンテーション）…話題商品、おすすめ商品などをディスプレイする。商品の特徴が分かるようＰＯＰなどによって情報提供や演出をする。

・ＩＰスペース（アイテム・プレゼンテーション）…商品ごとにしっかり見せ、選びやすい情報を提供する。

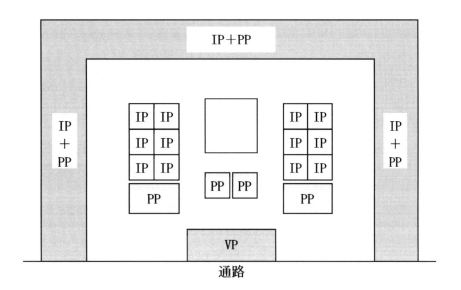

目線は、ＶＰ⇒ＰＰ⇒ＩＰの順に移っていく。

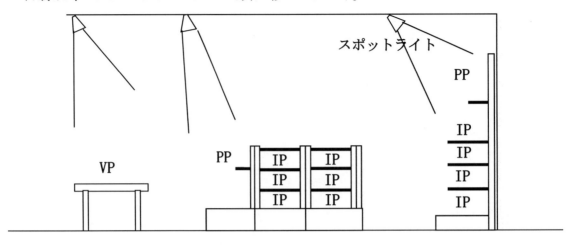

	フォーメーション	目的	表現方法	レイアウトの場所
ＶＭＤ	ＶＰ ビジュアル・プレゼンテーション	重点商品をテーマに基づきビジュアルに表現	一番目立つ場所で展開 顧客の関心をとらえた商品を、関連商品との組み合わせや、生活提案のある演出、ＰＯＰによる情報提供でアピール	ショーウィンドー、ステージ、平台、トップエンドなど
	ＰＰ ポイント・オブ・プレゼンテーション	新商品、ＣＭ放送商品、話題商品の価値をアピール	その商品を使った生活の便利さや楽しさ（価値）がよく分かる演出 その商品の特徴を引き立てるＰＯＰや展示、演出	エンドステージ、エンドテーブル、トップエンド、エンド什器、柱回り、壁面など
	ＩＰ アイテム・プレゼンテーション	お客の比較購買の場 商品を見やすく、触りやすく、選びやすい陳列	顧客ニーズに応える十分な品揃え 他の商品との違いがよく分かるＰＯＰ／情報提供 商品の形状やお客の体に合わせた選びやすく触りやすい什器と陳列	定番の売り場

※図：売場づくりの知識/鈴木 哲夫 著（日本経済新聞社）

③ディスプレイの効果

ディスプレイの効果を測るには次のような方法がある。

（例）

・Ａ…新商品の展示数量が６０個のときと３０個のときと売り上げがほぼ同

じだった。

・B…壁面什器の上段をスリーブアウトからフェイスアウトに変更したら売り上げが２０％伸びた。

・C…什器を一台減らし入口通路を広くとったら、そのスペースの商品が１５％伸びた。

・D…奥壁面ＰＯＰにスポットライトをあててみたら売り上げが１０％伸びた、など

　A、Bは、見せ方の違いによる売上の差と考えられる。Cは、スペースを広くとることで入店客が増えたと考えられる。Dは、来店客を店内奥まで誘導できたと考えられる。

④ディスプレイの工夫の仕方

　展示台全体に、あるいは壁面いっぱいに商品を展示してボリューム感を演出するのも一案であるが、より効果的な展示方法として、どこかに１～２箇所部分的に空間を設けると店内が引き締まる。また、左右を広く空けたスペースの中央に、注目して欲しい商品を展示し、照明などで存在を強調する。

⑤ディスプレイの変更

　売場の新鮮さを保つために、スポットライトをあてる商品、シーン提案の展示は短期間で変える。方法として、

・中心商品はそのまま、脇役の商品を交換する。

・下に敷くマットの色を変える。

・野草の一輪挿しを毎日交換する。

などがある。部分的に変更するだけで新鮮に見えるようになる。

　来店する度に何かしら新しくなっている売場は、来店客の足をとめる魅力ある売場になる。

⑥購買を促すディスプレイ

（買ってもらうためのチェックポイント）

・レジ包装台の配置場所：　最寄品を扱う場合は店頭入口近く、買回り品の場合は店の奥にレジ包装台を配置する。

・コミュニティー・スペースの設置

【参考】注目させる、ついで買いを誘うレイアウト

　たとえば、老舗の和菓子屋さんで、新しい菓子をつくったとする。さて、店内のどこに展示するべきだろうか。大抵の場合、「新商品」はその店の定番といわれる商品の隣に並べられる。そこが一番、来店客の目に、付きやすいからである。この例えは、老舗ならではの長年の経験から自然にとられる方法である。

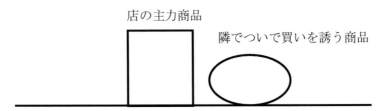

　ついで買いをされる商品は、「目的商品を購入した後で買われる」傾向があり、特徴としては、

・価格でみた場合、比較的低価格な商品

・小さなサイズの商品

・利用頻度の高い商品

が挙げられる。

　例：スーパーのレジ前には、ついで買いを誘うような低価格の商品を配置している（ガム、乾電池、フィルム、キャンディなど）

　このように、店内の売れる場所を意識したレイアウトの工夫で、注目してほしい商品の露出度を高めたり、ついで買いを誘うことで客単価を上げることができる。

第2章　店舗の数値

1. 財務諸表

<貸借対照表の例>

資産の部	金額	負債の部	金額
Ⅰ流動資産		Ⅰ流動負債	
現金預金	500	買掛金	300
売掛金	200	短期借入金	400
有価証券	480	未払費用	5
商品	300	未払法人税等	40
前払費用	80	流動負債合計	745
貸倒引当金	-10	Ⅱ固定負債	
流動資産合計	1,550	長期借入金	1,000
		固定負債合計	1,000
Ⅱ固定資産		負債合計	1,745
1有形固定資産		純資産の部	金額
建物	1,800		
減価償却累計額	-100	Ⅰ資本金	2,000
有形固定資産合計	1,700	Ⅱ資本剰余金	100
2投資その他の資産		Ⅲ利益剰余金	55
投資有価証券	650		
投資その他の資産合計	650		
固定資産合計	2,350	純資産合計	2,155
資産合計	3,900	負債純資産合計	3,900

<損益計算書の例>

項　　目		金額（万）	率%
Ⅰ売上高		8,800	
Ⅱ売上原価			
1　期首商品棚卸高		200	
2　当期商品仕入高		6,200	
合計	a	6,400	
3　期末商品棚卸高	b	300	
売上原価計	a-b	6,100	c/売上
売上総利益	c	2,700	30.7%

Ⅲ販売費及び一般管理費		
給与	1,000	
販売促進費	300	
旅費交通費	320	
消耗品費	300	
支払家賃	400	
貸倒引当金繰入	10	
減価償却費	－	
販売経費及び一般管理費計	合計　d　2,330	e／売上
営業利益	c-d=e　　　370	4.2%
Ⅳ営業外収益		
受取利息	100	
Ⅴ営業外費用		
支払利息	20	
有価証券売却損	205	
有価証券評価損	100	
営業外費用計	325	
経常利益	145	
Ⅵ特別損失		
投資有価証券売却損	50	
税引前当期純利益	95	
法人税、住民税及び事業税	40	
当期純利益	55	

①売上と利益　※数値は前掲の財務諸表から

・売上高…純売上高＝総売上高－値引高－返品高

　※以下「純売上高」を「売上」または「売上高」と呼び、損益計算書の売上高の数字である。

　売上高＝8,800

②売上と利益の関係

・粗利益（売上総利益）＝売上高－売上原価＝2,700

・営業利益＝粗利益－販管費（販売費および一般管理費）＝370

・経常利益＝営業利益＋営業外収益－営業外費用＝145

・当期純利益＝経常利益＋特別利益－特別損失－法人税等＝55

※販管費：人件費、家賃、減価償却費、広告宣伝費、水道光熱費、交通費、販売手数料等

※営業外収益：預金利息、受取配当金、投資不動産の家賃収入等

※営業外費用：借入金に対する利息、振込手数料等

※特別利益：固定資産売却益等

※特別損失：固定資産売却損等

２．財務諸表から見る企業の評価

財務能力判断には、以下の項目がある。

①収益性…分母を売上高、分子を利益とした各利益率の推移から、年々増加しているか、減少しているか。分母を総資産、分子を経常利益とした総資本経常利益率が、年々増加しているか、減少しているか。

②安全性…総資本（＝総資産）を分母、純資産を分子にした自己資本比率がどうか。

（目安として２０％以上は欲しい）

③成長性…売上高や各利益の金額が年々増加しているか、減少しているか、年による変動が激しいか。

④１人あたりの売上高、１人当たりの利益…売上高や経常利益を人数で除した数値である。業種・業態によってその数値の良し悪しは変わるが、不自然さがないことなど判断の参考になる。

⑤商品・サービスの坪効率（対象商品・サービス以外も含む）…小売業などの場合、坪当たりどの程度の売上、収益が上がるかが重要である。商品・サービスの必要とする売場の面積に対してどの程度小売店の売上、収益があるかを見極める。売上または収益を売場面積（坪）で除したもの。

⑥損益分岐点…メーカーの損益分岐点、すなわち固定費を売上総利益で除した数値。この数値は、１００％のとき営業利益は０となることから、低いほど良く、簡潔に言えば１００％からこの数値を引いた結果のパーセンテージの売上減となっても営業利益はマイナスにならないことを意味している。なお、この計算方法はいろいろあるが、ここでは、この計算方法を使用する。

⑦労働分配率…売上総利益に占める人件費の割合である。基本的には低いことが望まれるが、業種・業態によってかなり異なるので目安程度と考えてよい。

⑧広告宣伝費割合…売上高に占める広告宣伝費の割合である。目安としては数
　パーセントである。あまり高いのも良くなく、低いのは商品・サービスに対
　する広告宣伝投資の考え方のチェックとして参考になる。

３．商品に関する計数

（１）値入と粗利　※数値は前掲の財務諸表から

①値入：販売価格（売価）を決定すること

・当初値入高＝売価－原価（仕入高）…見込みマージン（経費＋利益）

・値入率＝値入高÷売価×１００

②粗利益：実際のマージン

　値引等により当初の売価と実際の販売価格とは異なることがある。

・粗利益＝売上高－売上原価

・粗利率（売上総利益率）＝粗利益÷売上高×１００＝３０．７％

（２）売価還元法

　売価還元法とは棚卸資産（期末在庫）の価額を算定する方法で、小売業など
で多く用いられる。

①期末在庫原価＝期末在庫売価×（原価法又は低価法）原価率

②売価還元原価法

$$原価法原価率＝\frac{期首商品原価＋当期商品仕入高}{期首商品小売売価＋当期商品仕入高＋値入額＋値上額－値上取消額－値下額＋値下取消額}$$

③売価還元低価法

$$低価法原価率＝\frac{期首商品原価＋当期商品仕入高}{期首商品小売売価＋当期商品仕入高＋値入額＋値上額－値上取消額}$$

（３）商品の在庫と棚卸

①在庫の必要性

　在庫の必要性は販売チャンスの喪失防止であるが、在庫が多すぎても少なす
ぎても利益の減少につながる。

②棚卸の必要性

114

棚卸の必要性は、正確な在庫を把握し売れた商品がいくらか（売上原価）を計算するためである。

売上原価＝期首商品棚卸高＋当期商品仕入高－期末商品棚卸高

期首商品棚卸高 ２００	売上原価 ６，１００
当期商品仕入高 ６，２００	期末商品棚卸高 ３００

③商品ロス

商品ロスは減耗（紛失等）、盗難、品質低下、陳腐化などが原因で生じ、利益を減少させる。

（例）売価１００円（単価）で当初値入率４０％の商品１０個仕入れたが、１個紛失して残りの９個を販売した場合

$$粗利益率＝\frac{４００－１００}{１，０００－１００}＝３３.３\%$$

（４）商品回転率

①商品回転率

商品回転率は販売効率を見る指標で、高いほどよい。

$$商品回転率＝\frac{年間売上高}{商品在庫高} \quad （月商品回転率＝\frac{月売上高×１２}{商品在庫高}）$$

計算基準は次の三つがある。
・年間売上高（売価）／商品在庫高（原価）
・年間売上高（売価）／商品在庫高（売価）
・年間売上高（原価）／商品在庫高（原価）

前掲した財務諸表から商品回転率を計算すると

$$商品回転率＝\frac{年間売上高}{期末商品棚卸高}＝\frac{８，８００}{３００} ２９.３回$$

なお、３６５日を商品回転率で割ると商品回転日数（販売に要する期間を示す）を求めることができる。

$$商品回転日数 = \frac{365}{商品回転率} = \frac{365}{29.3} = 12.5日$$

（５）商品在庫高

　商品在庫高の求め方は次の三つがある。

①商品在庫高＝期末商品棚卸高

$$②商品在庫高 = \frac{期首商品棚卸高 + 期末商品棚卸高}{2}$$

$$③商品在庫高 = \frac{毎月末商品棚卸高（１２ヶ月分）合計}{12}$$

（６）交差比率

　交差比率は商品の効率を見る指標で、高いほどよい。

$$交差比率 = 粗利益率（売上高総利益率）× 商品回転率 = \frac{粗利益高}{売上高} × \frac{売上高}{商品在庫高}$$
$$= 30.7 × 29.3 = 899.5$$

　企業内部で分析する場合、商品の種類ごとにみて、粗利益高が大きく在庫が少ないものの方が交差比率が高くなる。

第3章　商品・サービスの評価

　商品・サービスは、企業の総合力の結晶であるため、当該商品・サービスを中心にその企業の総合力を判断し、さらに業界でのポジショニングや競合・類似商品との差別化戦略を把握した上で、点数化して総合判断することが求められる。

1．商品・サービス評価の3視点
　商品・サービスの評価には次の3つの視点がある。

- ・新規性…従来にない新しい要素等がある商品であるか。

- ・優秀性…従来のものと比較して優れている点、利便になる点があるか。

- ・市場性…販売見込があり、市場に十分対応しているか。

2．商品・サービスの新規性と優秀性に関する評価項目
商品・サービスを科学的かつ客観的に評価するには、下記の項目が必要である。

- ・企業に関わる項目（会社名、代表者名、設立など）

- ・対象商品・サービスに関わる項目（名称、特徴、販売実績など）

- ・開発投資商品・サービスに関わる項目

- ・競合等他の類似性に関わる項目（競合を含む）

- ・メンテナンスに関わる項目

- ・知的財産権に関わる項目

- ・ターゲット市場の概要に関わる項目

- ・商品・サービスの販売ターゲットに関わる項目

- ・販売価格、価格設定方針

- ・販売方法とPR方法に関わる項目（チャネル）

- ・生産・供給体制に関わる項目

- ・品質等について

- ・商品・サービスに対する問題点・リスクに関わる項目

- ・商品・サービスの現在までの状況と今後の事業展開の予定・方針に関わる項目

- ・中期計画の有無

このように、評価項目は、必ずしも「商品・サービス」そのものに限った項目だけではなく、企業活動全般に関わる項目にまで及ぶ。

３．商品・サービスの市場性について

「市場性がある」とは、「シーズ」と「ニーズ」が一致していることである。

市場性より「シーズありき」の商品が市場で受け入れられることは稀である。技術優先型の商品は「シーズありき」に陥っていることが多いので評価にあたっては注意が必要である。新規性・優秀性があっても市場のニーズにマッチしていない商品・サービスを取り扱うことにはかなりのリスクが伴う。

※商品開発者の立場から「こういうものがあったらいいな」という発案で開発した商品は多い。比較的見落としがちなのは、こうした「シーズありき」の商品に、一部の購入者（消費者）がいる場合である。しかし、対象とする市場（＝ターゲット）のニーズにマッチしているかどうかは別で検証しなければならない。

【参考】ニッチ商品に見る市場性

「市場がある」＝「市場規模の大きさ」ではない。特に、消費飽和社会においては、一部のリーダー企業を除いて、市場規模を追求するよりも、ターゲティングとポジショニングによる市場の明確化とその市場のニーズにあった商品戦略（＝「市場性」の追求）が重要である。

市場の規模を問わない商品の代表が、いわゆるニッチ商品である。

ニッチ商品が狙うのは、ターゲットがはっきりしていて競争もあまりない市場である。

例：・商品：アプリケーションソフトウェア（携帯端末にダウンロードして「問診」ができる）
　　・ターゲット：運送業者組合→運送業者（トラック）
法定で義務付けられた、運送業界の安全管理に関するソリューション商品で

ある。この商品は運送業者（トラック輸送）が対象であるが、運転手をそれなりの人数を雇用している企業にターゲットは絞られる。あえて言えば、地域にある運送業組合等がターゲット窓口であり、それは高々２００程度である。すなわち１０００本売れることはまずない、と言って過言ではなく限られた市場規模である。しかし、競争者が他になく法定義務でありニーズが必ずある。すなわち「市場がある」と言える。

Ⅴ. コミュニケーション
・プレゼンテーションの基礎編

第1章　コミュニケーションの基本

１．コミュニケーションの概念

（１）コミュニケーションの定義

　コミュニケーションの定義には、以下のものがある。

・大辞泉…社会生活を営む人間が互いに意思や感情、思考を伝達し合うこと。言語・文字・身振りなどを媒介として行われる。

・現代用語基礎知識…人と人が意思を疎通する営みのこと。この営みは、情報を伝達する活動としてだけとらえられがちだが、感情や思想を共有する活動としての意味もあり、両者がより合わさるように成り立っている。コミュニケーションを成り立たせる媒体がメディア。仕事、恋愛、交渉などさまざまなコミュニケーションに応じていろいろなメディアを使い分け生活している。（略）

※学術的な定義としては、１６０あまりあると言われている。（「コミュニケーション論」林進著（有斐閣））

（２）人間のコミュニケーションの特質

　人間のコミュニケーションの特質は、２つある。

　　①情報の伝達である。

　　非情報的な伝達（物質、エネルギー、病気など）ではない。

　　②能動的性格を持つ。

　　一方的に待つ（受動的）だけの性格（機能）ではない。人間相互間の意味交換の活動である。

（３）社会的コミュニケーション

　社会的コミュニケーションとは、複数の人間の間の記号を媒体とする相互作用である。

※複数の人間とは、個人のレベルだけでなくグループ、組織、地域社会、国家、国際社会など。

※記号とは、言語、身振り、表情、映像など媒体（メディア）を構成する要素。

（社会的コミュニケーションの分類）

①個人と個人の間

　パーソナル・コミュニケーション（Personal Communication）

②複数と複数の間

　マス・コミュニケーション（Mass Communication）

※最近では個人と複数の間でもコミュニケーションが存在しているが、はっきりとした名称はない。一部では中間的コミュニケーション（Intermediate Communication）とも言われている。

　ここでは、主としてパーソナル・コミュニケーションにおけるテクニカルな面を有することに特化して説明する。

2．コミュニケーションの技術

（1）ジョハリの窓

　「ジョハリの窓」とは、心理学者ジョゼフ・ルフトとハリー・インガム（米国）によって考え出された「対人関係における気づきのグラフモデル」である。

　自分から見た自己と他人から見た自己を、「開放」「盲点（盲目）」「秘密」「未知」の4つの「窓」から分析することで、他者とのコミュニケーションのありかたを考えることができる。

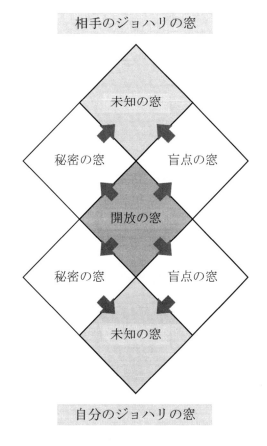

相手のジョハリの窓

自分のジョハリの窓

（4つの窓）

①開放された自己（Open Self）⇒開放の窓

　「開放の窓」は、自分も他人も理解しているので、コミュニケーションはスムーズである。しかし、開放の窓だけでは、ディスカッションやより深いコミュニケーション創造には限界があり、他の窓を広げなければならない。

②自分は気づいてはいないものの、他人からは見られている自己（Blind Self）⇒盲点の窓（「盲目の窓」ともいう）

　他人にはわかっているけど、自分は気づいていない窓である。つまり、自分は認識していない知識でもある。他人の話に耳を傾けることで、自分が気づき、新しい知識、思考の世界が広がる。

③隠された自己（Hidden Self）⇒秘密の窓

　自分はわかっているが、他人は知らないあるいはわかってもらえない自己である。例えば、趣味とか特技とか他人は知らない知識である。自分の知識やアイデアを話すことで他人が気づき、知識が広がる。

④誰からもまだ知られていない自己（Unknown Self）⇒未知の窓

　「未知の窓」は、自分も他人も知らない自己である。「盲点の窓」「秘密の

窓」が広がることで「未知の窓」は狭くなっていく。自己理解、他人理解を繰り返すことで、未知の窓を狭くして、視野や知識を広げることができる。

（2）会話の技術

　会話は、抽象化と具体化の運動である。相手の話に沿いながら、相手の話に同意・同調し、共有化しながら方向を変えることで発展し、高度な会話となる。

　会話には次のコツがある。

①要約：相手の言っていることの要点をつかみ要約する。

　（例）「つまり・・・・・・・・ということですね」

②再生：骨子と細部（細部は全てではなく適宜に選んだもの）を再構成して再生する。再生するためには、常に再構成を意識しながら相手の話を聞かなければならない。

③言い換え：言い換えには、「分かりやすく説明する」「別の言葉で言い換える」「自分の言葉で今の内容を言い直す」などがある。言い換えることができるならば、相手の話の内容を充分に理解していることになる。

④例える：話の内容を「例えば・・・・」と相手に求める、または、自分から例えて話す。例えによる具体化は、ともすれば、話の内容が散漫になりやすいが、方向性を見失わなければ高度な会話となる。

⑤相談をもちかける：「相談」を持ちかけることにより、会話を緊密に高めていく。

　（例）「今、〇〇にしようか△△にしようか迷っているのだけど」

（3）質問のコツ

　質問は、分からない事を理解する目的のほかに、相手と質問事項についてあらためて共通理解を確認することにもなる。

　また、会話をコントロールする意味では、相手が一番語りたい内容について質問を投げかける方法もある。

　質問で気を付けなければならないのは、具体的な例に関するものである。例の内容に会話がのめり込み本質から外れてしまう可能性もある。

3．交渉力

　コミュニケーション技術をビジネスの場で実践に活用するものとして、交渉について解説する。

（1）交渉とは

　交渉は英語のネゴシエーション（Negotiation）からきている。交渉とは、交渉者が話し合いにより、お互いにある合意点に到達することで、お互いに利益を得るような条件を獲得するための努力の「プロセス全体」を意味している。よく、駆け引きすることを交渉と混同されることがあるが、交渉は、駆け引きではない。駆け引きは交渉の一部である。

（2）交渉の種類

①ゼロ・サム交渉…分け前獲得交渉。限られたパイの中で、両者の取り合う分を争う交渉。

②プラス・サム交渉…問題解決交渉。お互いに相手の交渉条件を理解した上で、双方に利益になる条件を積極的に見つける努力をする交渉。

③ウイン・ウイン交渉…お互いに利益になる条件を探し出して、代替案を提示しあう過程のなかで、双方が合意に到達する交渉。

④コンセンサス（合意）交渉…交渉グループ全体の意思統一を図るための交渉過程を指す。

（3）交渉の力の関係

・交渉力が強いとは、交渉者が一方の交渉者に対して保持する優位性を維持することである。

・交渉力は、交渉条件と時間の関係により変化する。

・交渉力により、売り手と買い手の優位性の関係は変化する。

（4）交渉のモデル

　交渉の力の関係により、交渉のモデルは以下のように分類される。

・売り手が交渉力を保持するモデル。

・売り手と買い手の間で交渉力が変わるモデル。

・買い手が交渉力を保持するモデル。

（5）交渉戦略

　交渉戦略とは、自己の優位性を交渉力として発揮するための方法のことである。

第2章　プレゼンテーションの知識

1．プレゼンテーションの定義

　プレゼンテーション（Presentation）を説明するものには、
・大辞泉…計画・企画案・見積などを、会議で説明すること。
・マッキンゼー…聞き手に聞く価値を提供すること。
などがある。
　ここでは、次のように定義したい。
　「プレゼンテーションとは、比較的少人数の聞き手に対して、ビジュアルツールを使用して、説得を目的とするコミュニケーションのことである。つまり、比較的少人数の聞き手（オーディエンス：audience）に知らせたいこと、聞き手（オーディエンス：audience）が知りたいことを分かりやすい形で提供することである。」

2．プレゼンテーションの技術習得の目的

　プレゼンテーション技術は、固有の事情に合わせた問題解決、アイデア提供、ベネフィットの創出をするために活用することを目的に習得する。
　（プレゼンテーションの留意点）
・プレゼンテーション先の固有の問題解決がいかにできているか。
・「なるほど」というアイデアや商品のセリングポイントが的確か。
・プレゼンテーション先を半歩リードした提案となっているか。
・ベネフィットは明確か。

3．プレゼンテーションの設計・実施のポイント

　プレゼンテーションの設計から実施するまでに行うことを解説する。ここでは、プレゼンテーションにかかわるパフォーマンス、マナー、心構えなどは省略する。また、発表会、セミナーなど比較的多人数のものではなく、ビジネスにおける交渉や提案を想定したものを取り上げる。

（1）状況を明確にする。

①目的を明確にする。

　目的は、「プレゼンテーションの結果、何を聞き手に行ってもらいたいか」を簡潔に1行で表現する。

（例）「説明する商品を購入してもらいたい」「商品を小売してほしい」

　複数の目的が生じた場合は、聞き手が混乱しフォーカスが散漫になるのを避けて、2回に分けることなどをする。

（目的を明示する効果）

・聞き手の注目とエネルギーを集中させることができる。

・「聞き手に何を見せ、聞かせたいか」⇒「聞き手が何を見て、聞く必要があるのか」へ転換できる。

（目的達成の尺度とプレゼンテーション方法）

　目的は必ず現実的なものとし、一度で達成しようとするのではなく、「最終的な目的の達成」を成功の尺度とする。

　　（例）

・流通系：目的「自社商品を1万個店頭販売してもらいたい。」

　この場合は、相手先に、いきなり「商品を1万個店頭販売してほしい」というのではなく、はじめはテストマーケティングで「数店舗に店頭販売してほしい」と持ち掛け、結果がよければ「全店で扱って目標1万個を販売してほしい」などステップを踏んでプレゼンテーションを組み立てる。

・工業系：目的「自社の高額機器を導入してほしい。」

　高額商品の導入は、相手先にとってはコスト負担もかなり大きくなりリスクを負う。この場合も、いきなり導入を促すのではなく、はじめは「2週間程度テスト的に使用してほしい」と持ち掛け、結果がよければ「導入してほしい」などステップを踏んで、プレゼンテーションを組み立てる。

②聞き手を分析する

・意思決定者は誰か

　説得したい相手は誰かを定める。

　具体的には、相手先の意思決定者は誰かを見極め、対象者をフォーカスしたプレゼンテーションを設計する。

・プレゼンテーションが与える影響、どこに（誰に）どういう結果をもたらすか、充分に配慮、熟考する。

　　プレゼンテーションの内容によっては、相手先の内部にコンフリクトが起こる場合も想定される。たとえ、プレゼンテーションの結果がマイナスになる人が居たとしても、あくまで意思決定者にプレゼンテーションの目的を理解しもらい行動を起こしてもらうことに注力する。

（知識について）

・どのくらい内容に精通しているか。

・専門用語、業界用語に精通しているか。（プレゼンターも同様）

・商品の技術的知識は充分か。

（プレゼンターは商品の技術的知識を十分理解した上で、プレゼンテーションができるか。）

・マーケティング・販売知識は充分か

・対費用効果が理解でき得るか、など

　特に、意思決定者に関しては、必要によっては事前に参考資料、プレゼンテーションのプリントを配布しておくことが必要である。また、プレゼンターも同様に上記の内容を身に付けた上でプレゼンテーションに臨む。

（興味ついて）

　どの程度興味を持っているか、事前に情報を入手し、場合によっては、試験的に資料を聞き手の一部に見せることも必要である。

③見通しを明確にする

　与えられた時間内にプレゼンテーションの目的は達成できるか見通しを立てる。持ち時間はどれくらいあるかを確認し、特に時間に余裕が無い場合は優先順位を決めておく。

　時間内に全資料の説明ができそうにない場合は、時間をかける資料とそうでないものとを明確に区分しておく。

　事前に資料を配布し目を通してもらい、プレゼンテーションは要点（要約）に絞って説明することで効率よく進めることができる。

　メイン資料以外の詳細資料、補足資料はプレゼンテーション終了後に配布する。（プレゼンテーションを集中して聞いてもらうため）

④機材・媒体を選ぶ

どんな機材、媒体を使うかを決める。

　機材・媒体には以下のようなものがある。

　配布資料、ホワイトボード、ＯＨＰ、スライド、プレゼンテーションソフト、サンプル、実機、プロトタイプなど。

【状況を明確にするチェックリスト】

項目	チェック	チェックポイント
①目的を明確にする		なぜこのプレゼンテーションを行なおうとしているか
		何を達成したいと望むのか
		プレゼンテーションの結果、聞き手に何をしてほしい、あるいは理解してほしいのか
②聞き手を分析する		意思決定は誰か
		彼らはプレゼンテーションテーマについてどの程度詳しいか
		彼らはプレゼンテーションテーマについてどの程度興味を持っているのか
		もしイエスといったら、彼らは何を得るのか、また失うのか
		なぜ彼らはノーと言えそうなのか
		聞き手から投げかけられそうな最も厳しい三つの質問は何か
③見通しを明確にする		与えられた時間内に目的は達成しそうか
④機材・媒体を選ぶ		どれを用いるか（複数可） ・配布資料 ・ホワイトボード ・ＯＨＰ ・スライド ・プレゼンテーションソフト ・詳細資料（添付資料） ・サンプルもしくはデモンストレーション用機材 ・その他（　　　　　　　　　　　　　　）

（２）プレゼンテーションを設計する。

⑤メッセージを確定する

・３０秒〜１分で済むプレゼンテーションの内容の要約をする。

・キーワードを何にするかを決める。

⑥ストーリーを念入りに作成する。

（オープニング作成）

　オープニングは期待感を盛り上げる内容にする。「目的」「重要性」「予告：プレゼンテーションの内容の要約または全体像」を組み込む。

（プレゼンテーションの中身の作成）

　聞き手の理解力に沿ったストーリ展開をつくる。代表的なストーリーのパターンは２つある。

・序論（オープニング）⇒結論⇒本論⇒エンディング

　内容の理解度が高い聞き手向け。ビジネスプレゼンテーションでは主流。

・序論（オープニング）⇒本論⇒結論⇒エンディング

　内容について比較的理解度が低い場合の聞き手向け。

【参考】論理的思考

・演繹法

　『人間は死ぬ』⇒『私は人間である』⇒『よって、私もいつかは死ぬ』というように一般論から個別を論じる（説明する）方法。

・帰納法

　『Ａさんは死んだ』『Ｂさんは死んだ』よって『人間はいつかは死ぬ』というように個別から一般論を論じる（説明する）方法。

　プレゼンテーションにおいては、ケースバイケースで、いずれの方法でもかまわない。

（エンディングの作成）

・重要事項を要約する。

・提案を再掲して確認する。

・アクションプログラムを提示する。

・次回までにすべきことを提示する。

一通りできたら、ストーリー構成を再チェックし、「演出効果」を盛り込む。詳細資料等の添付資料の構成を作成する。

⑦ストーリービューアーを作成する

※「ビューアー」：プレゼンテーションソフトの１スライドのイメージ

【ビューアーのイメージ】

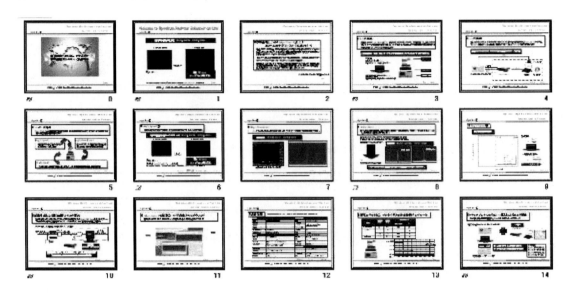

（ビューアーのコンテンツ作成）

・コンテンツ作成の原則

・原則１　ビジュアル効果があること。

・原則２　１ビューアー１コメントであること。

・原則３　ひと目で理解できること。（文字の書体、フォント数も含まれる）

（資料をデザインする）

・グラフ、表、コンサルティング技法、イラスト・写真等画像をデザインする。ビューアーの種類（分析的、概念的、紹介的）に沿って作成する。

グラフィックス	分析的	定量的	グラフ チャート図など
		定性的	各種コンサルティング技法
	概念的		概念図 ぽんち絵 イラスト 表 ポートフォリオ（ＸＹ軸２次元表示）など
	紹介的		動画像 静止画像 リンクを張る 音声 表など
テキスト			

ほかに、

・アニメーションを加える。

132

・スキャンした画像を加える。

・音声を加える。

・ビデオを加える。

・リンクを張る。

などがある。

【プレゼンテーションを設計するチェックリスト】

項目	チェック	チェックポイント
⑤メッセージを確定する		もし３０秒しか与えられなかったらプレゼンテーションをいかに要約するか
⑥ストーリーを念入りに作成する		(a) オープニング ・目的　　　・重要さ　　　・予告
		(b) プレゼンテーションの中身 ・理解力の高い聞き手の場合は結論を先に ・理解力の低い聞き手の場合は結論を章ごとに、あるいは最後に
		(c) エンディング ・サマリー　　　　　　　・アクションプログラム ・提案（複数）…結論　　　・次のステップ
⑦ストーリービューアー（レジメ）を作成する		(a) 資料をデザインする ・５W２H　　　　　　（例） ・What…文章、イラスト、写真、動画　・How…線表 ・Where…マップ、プラン　　　　　・How Much…表、チャート ・Who…組織図、写真　　　　　　　　　・Why…文章 ・When…カレンダー、線表 ※他にもコンサルティング技法の図解や音声、リンクを張るなどの方法が多数ある。
		(b) ビューアーの順番づけをする。
		(c) ビューアーから次のビューアーへの移行に際して言うことを作成する

（3） プレゼンテーションを実施する（参考）

項目	チェック	チェックポイント
⑧第１段階のリハーサルを行う		ストーリーと資料に精通する
		メモを作成する
		録音して練習する

⑨第2段階のリハーサルを行う	感性豊かで建設的で客観性を持った仲間に練習の相手になってもらう
	質問を想定する
	できればビデオを撮影してチェックする
⑩機材のセットアップ	開始の３０分前には、⇒３０分のゆとりをつくる ・プレゼンテーション機材のセットと動作確認を終える ・できれば配布資料を配布し終える ・サンプル品もしくはデモンストレーション機材の動作確認等を終える。
⑪実行するための心構えを利用する	深呼吸　深呼吸　深呼吸
	アイコンタクトを確立する
	自然に話す
	声の強弱をフルに使う
	両足に体重をかける
	腕は腰の位置に置く
	スクリーンの脇に立つ
⑫質問に対応するために	アイコンタクトを確立する
	忍耐強く傾聴する
	答える前にひと呼吸おく
	質問されたことだけに答える
	プレゼンテーションへ戻るための移行を忘れない
⑬後かたづけ	プレゼンテーション機材の撤収
	サンプル品もしくはデモンストレーション機材の撤収
	余分な資料の回収

第3章　プレゼンテーションの実践

　ここからは、実際の企業活動に基づいたプレゼンテーションの組み立て方について解説する。

1．テーマ

　企業活動におけるテーマは様々なものがある。

　主なものには、

・商品・サービスのプロモーションの企画と計画

・商品・サービスのマーケティングリサーチ

・商品・サービスの営業戦略の企画

・商品・サービスの価格戦略の企画あるいは価格体系の見直し

・商品・サービスの改良

・次世代商品の開発（後継商品・サービスの開発）

・商品・サービスの量産体制の確立の提案

などがある。

（提案書の作成）

　これらのテーマに関して提案をする際は、以下の項目について提案書を作成する。

・市場の声（改善の背景）：市場の動向など外的与件。

・課題（問題）：市場の視点から浮かんだ現状の問題点と課題。

・改善案：課題（問題）に対する改善案。

・期待できる効果：改善案を実施することで得られる効果。

・残された課題：改善後を見越した、今後取り組むべき課題。

【提案書】

企業名	
対象商品等	
作成日	作成者
市場の声 （改善の背景）	
課題（問題）	
改善案	
期待できる効果	
残された課題	

2．課題（問題）解決提案のプレゼンテーション

　課題（問題）解決型の営業活動には、交渉先を説得する優れた提案のプレゼンテーションが求められる。実際に、営業で提案をする際のプレゼンテーションの設計について見てみよう。

　課題（問題）解決提案のプレゼンテーションには、いくつかのユニットで構成されるひとつのパターンがある。

【課題（問題）解決提案プレゼンテーションのユニット構成】

課題（問題）明確化ユニット

課題（問題）解決策ユニット

事例ユニット

136

（１）課題（問題）明確化ユニット

　プレゼンテーションで単なる商品・サービスを紹介し提案するだけでは説得力に欠ける。課題（問題）解決型営業において、このユニットでは、事前に提案先の課題（問題）を分析、把握した上で、提案の背景を述べ現状の課題（問題）を示す。課題（問題）は、ヒアリングで知り得た情報ばかりではない。提案先のトップの経営方針を現場がどう実現して行くか、あるいは消費者やもっと下の現場で声になっていない声などの情報も該当する。さらに、提案先がまだ気づいていない潜在的な課題や問題もある。いずれにしても、「その通りだ」と認識させるための課題（問題）を浮き彫りにしなければならない。

（２）課題（問題）解決策ユニット

　（１）の「課題（問題）明確化ユニット」で浮き彫りにした課題（問題）の解決策を示す。ここからは、提案側の商品・サービスのアピールの段階に入る。プレゼンテーションのポイントは、提案先の抱える課題（問題）の改善、解決に、自社の商品・サービスを取り入れることで最大の効果が得られることを伝え納得してもらうことである。商品・サービスの紹介では、品質（機能・性能、優秀性）や市場性（新規性・独自性）などの要素を提案先の課題や問題と呼応させ、享受する最大の効果、すなわち利益、利便、利点、ベネフィットを列挙する。それも明確なデータで示す。そのためには課題（問題）で数値化できるものは数値で捕捉しておく。提案先の負担（費用）よりも費用対効果で決定権者が判断できるようにする。解決策を示した次には、商品・サービスの導入時期や導入手順など具体的な情報を明示する。

（３）事例ユニット

　従来の提案は（１）、（２）のユニットだけでも通用することがあった。しかし、飽和市場下のプレゼンテーションでは不十分である。商品・サービスの必要性を説得するだけではなく立証することが求められている。そのため、商品・サービス採用の成功事例を紹介する。いわば商品・サービス購買の保証書にあたるのが、このユニットである。プレゼンテーションでは、成

功事例の羅列だけではなく、採用の結果もたされた販売先のベネフィットもあったほうがより効果的である。

　以上のように、三つのユニットが揃ってはじめて提案先へのプレゼンテーションによる営業が実現し、受注確率が高まるのである。

３．企画提案のプレゼンテーション

　ここでは、取引先に企画提案をする際のプレゼンテーションについて解説する。

（１）企画の構成

　提案先を納得させる企画立案は説得力のあるものでなければならない。

　そのためには、しっかりとした企画構成が必要である。

①企画（提案）の趣旨…企画（提案）を実施することで得られる効果を端的に趣旨に盛り込むことで提案先を本気にさせる。

②企画（提案）の目的…企画（提案）の背景や得られるメリット（目的）を明確に示す。

③企画（提案）の詳細内容…企画（提案）の詳細な内容について述べる。

④企画（提案）の実施要領…企画（提案）の実施の詳細事項について述べる。

⑤予測収支…企画（提案）にかかるコストとその費用対効果、目標などを数値で提示し明確にすることで説得力が増す。

（２）企画の種類

　企画には様々なものがある。それぞれの特徴を見ていこう。

①売上向上企画

　例えば、流通系商品・サービスでメーカーと販売先とがタイアップし、値引セールなどをして販売数量を増やすことを目的とする企画など。

②広告戦略企画

　媒体（新聞やコミュニティ誌、インターネットなど）を利用して商品・サービスの広告を行い集客を図る企画。

③セールス・プロモーション企画

　セールス・プロモーション（ＰＯＰ、チラシ、ノベルティなど）を活用して、売上向上、集客、商品・サービスの知名度向上などを目的とした企画。

④イベント企画

　抽選会、コンテストなどのイベントにより、新規顧客獲得、優良顧客の満足度向上、マスコミへの露出などを狙った企画。

⑤商品の活用企画

　商品・サービスの持つ機能や性能が、充分に顧客（ユーザ）に活用されておらず、商品・サービスの本来の魅力が伝わっていないという課題を解決する企画。現状の課題・問題を踏まえて、活用しやすくするための新たな商品・サービス（オプションなどを含む）などの活用企画を提案する。

【企画提案の例】

<売上向上企画>

地酒「里山」発売記念セールの提案

企画の趣旨
福井県の地酒「里山」の発売２周年を記念して、販売を促進させるためのキャンペーン。この新しい地酒に対する来店客の認識を高め、約２週間店頭で販売をする。セール価格として２割引で酒造の協力を得て販売する。

企画の目的
・新酒のでる１０月の「秋の味覚フェア」の目玉企画にするため。
・「里山」のリピーターを確保するため。

企画の詳細内容
店頭で一斗樽の鏡割りを行いスタートする。キャンペーンの看板「福井県地酒「里山」発売２周年記念２割引セール」を大きく掲げ、試飲もでき、４合びんを並べて販売する。

開催期間
１０月１日（土）～１６日（日）
在庫がなくなり次第、早期終了予定。

予測収支
４合びん１本３，０００円を２，４００円
期間中販売目標　５００本
売上目標　１，２００，０００円
※一斗樽は酒造から無料提供
※この期間中の原価は酒造と交渉して通常の２割引き。
※売上高の５％を出店料金として酒造から別途徴収。
※酒造からの販売スタッフ応援１名あり。

４．投資と回収計画の提案プレゼンテーション

　提案先に大きな投資を伴う企画を提案する際は、投資回収についても内容に盛り込みプレゼンテーションを行う。

　たとえば、商品・サービスの営業戦略の企画で営業人員増などを提案する場合は人件費増となる。また、プロモーション企画や商品開発企画は先行投資型であるので、先行投資の回収について提案先に示す必要がある。（先行投資の資金調達方法までは、触れなくてよい）そこで、提案あるいは改善提案書には、販売計画、損益計画における先行投資の回収度合いや時期を「案」として添付するのが効果的であり、提案先の決定権者にとって、決断の一助になる。

　では、損益計画と投資の回収の例を取り上げ具体的に見ていこう。

（１）商品・サービスのプロモーション企画による販売計画、損益計画、投資の回収例

　プロモーション企画は費用対効果が測定しにくい投資（効果測定法は存在する）であり提案先の決断が鈍ることもある。そこで、プロモーション企画提案に対しても投資コストの回収を明示すると良い。事例は、媒体による宣伝広告をした場合の例である。

＜商材Ｂの広告宣伝をしたときの販売計画、損益計画、広告宣伝費の回収計画（案）＞

(単位：千円)

		初年度	２年度	３年度
販売計画	販売数量（個）	10,000	15,000	20,000
	売上単価（円）	3,000	2,700	2,430
売上高		30,000	40,500	48,600
売上原価		18,000	24,300	29,160
売上総利益		12,000	16,200	19,440
固定費	人件費	1,500	2,025	2,430
	販管費	1,000	1,350	1,620
	固定費合計	2,500	3,375	4,050
営業利益		9,500	12,825	15,390
広告宣伝	新聞掲載回数	6	6	6
	掲載１回あたりの掲載料	800	800	800
	制作費	3,000		
	広告宣伝費コスト	7,800	4,800	4,800
コストの回収（営業利益－広告宣伝費コスト）		1,700	8,025	10,590

※売上単価は毎年１０％下がると予想した。
※商材Ｂの広告宣伝費は販管費に含まず回収までの期間等を明確にするために独立して明示した。

140

※広告宣伝費のコストの回収は営業利益によるものとした。
※広告宣伝媒体は全国紙とした。
※人件費、販管費は貴社のヒアリングから商品Aの全体の売上高比率による按分とした。

（2）商品・サービスの改良による販売計画、損益計画、投資の回収例

　　商品Aを１０百万円改良するためのコストを投下し、それによって販売量が増加することをシミュレーションし提案例である。

＜商材AをA'に改良して販売したときの販売計画、損益計画、改良コストの回収計画（案）＞

（単位：千円）

		初年度	２年度	３年度
販売計画	販売数量（個）	10,000	15,000	20,000
	売上単価（円）	3,000	2,700	2,430
売上高		30,000	40,500	48,600
売上原価		18,000	24,300	29,160
売上総利益		12,000	16,200	19,440
固定費	人件費	1,500	2,025	2,430
	販管費	1,000	1,350	1,620
	固定費合計	2,500	3,375	4,050
営業利益		9,500	12,825	15,390
改良コスト		10,000	-500	
改良コスト回収（営業利益－改良コスト）		-500	12,325	15,390

※売上単価は毎年１０％下がると予想した。
※改良コストは売上原価に含まず回収までの期間等を明確にするために独立して明示した。
※改良コストの回収は営業利益によるものとした。
※人件費、販管費は貴社のヒアリングから商品Aの全体の売上高比率による按分とした。

　　このように、コストの回収を計画に明示することで、プレゼンテーションに説得力を増すことができる。

第4章　アイデアの発掘

　企画とは新概念の創造であり、そこでは人間の知恵やアイデアが要求される。プレゼンテーションにおいても必要な企画アイデアの発掘について解説する。

1．アイデア発掘のポイント

（1）アイデア発想のプロセス
　アイデアは次のプロセスから生まれる。
　①一切の固定概念を切る。
　②真実のデータを集める。
　③どこまでも考え貫く。
　④重要なヒント、アイデアに気付く。
　⑤仮説を実証する。

（2）右脳の働きとアイデア発想
　特に、「アイデアに気付く」のは右脳が決定的な役割を果たしている。アイデアは右脳の真実のデータから、解決のためのヒントをイメージとして見つけることから生まれる。そのためには脳を自在にしておかなければならない。
　通常は左脳が右脳を支配しているため、アイデアに斬新性はない。しかし左脳でアイデアを出し尽くした時や、トイレ・寝床の中、自然（海、森、湖畔）や寺・教会など荘厳な場所では、左脳が右脳を開放するため、よいアイデアが生まれると言われている。
　右脳の働きという脳の特性を考慮したアイデア発想法は、創造性開発に貢献する。

2．アイデア発掘シート

　「アイデア発掘」シートは、アイデアを発掘する手順とポイントを示したものである。シートの手順に従って考えることで、アイデアを発掘し、シートを作成することで、アイデアのイメージを「見える化」することができる。

（1）アイデア発掘シート作成のポイント
　アイデア発掘のポイントは次の3つである。
①「ニーズを探せ」

顧客の不利、不満、不安、不足を挙げ、それを解決するためにはどんなものが欲しいかを顧客の立場で考える。

②「具体的な機能は」

　①で最も顧客の問題解決になるものを選択する。そして顧客の望む結果（Out）と現在の現象や問題（In）を整理し、現実のための条件や本質を明確化する。

③「こんなアイデア」

　②の機能は何か「似た物」が自然界やおとぎ話にないかを考え、本質と「似た物」を結合してアイデアのコンセプトを固める。

（２）アイデア発掘シートの活用

　　具体的な例として、商品開発におけるアイデア発掘シート活用例を見ていこう。ポイントは、テーマを決め、個々のアイデアを組み合わせ、市場ニーズに基づき発展させ、統合するプロセスを経て商品イメージを構築することである。

（商品開発における商品イメージ構築の手順）

①アイデアリストの作成（ＫＪ法による）

②アイデア発掘シートの作成

③グループによる評価

④評価結果リストの作成

⑤アイデアから商品化候補のピックアップ・決定

⑥商品化する商品の立案

⑦商品イメージの立案

⑧商品イメージの評価

（参考）具体例「新商品の企画で困っていること『１０』」について

①異分野の成長機会の情報力、評価力不足

②商品企画部門と他部門の連携プレーが弱い

③アイデア収集が組織的でない

④営業・生産部門との連携プレーが弱い

⑤目標設定が不十分なままスタートしている

⑥開発着手のための評価・審議が組織的に行われていない

⑦重点方針が不明確であり、企画の重点が絞れない

⑧企画スタッフの適任者が選びだせない

⑨企画スタッフのやるべき業務範囲が不明確

⑩製品企画スタッフの育成方法がわからない

【アイデア発掘シート】

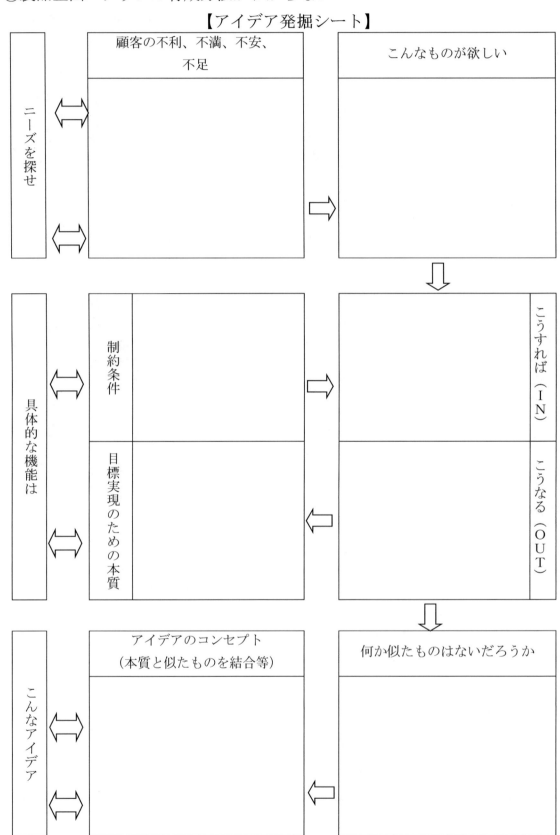

Ⅵ. 販売促進の企画立案編 「MMP ワンシート企画書」

第1章　MMP ワンシート企画書

マネジメントマーケティングの代表的な17のツールの中から、A4用紙1枚で企画を俯瞰できる MMP ワンシート企画書について解説する。

<<MMPワンシート企画書のフォーマット>>

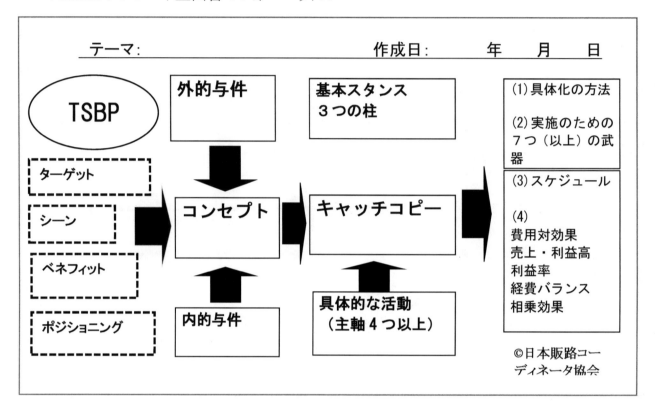

1．フォーマット

まず、企画をたてるための準備項目について説明する。

（1）TSBP 戦略
①ターゲット（Target）戦略
　ターゲット戦略を理解する上で、まず必ず把握しておかなくてはならないのは、セグメンテーションである。セグメンテーションとは、特性から市場または顧客層を分類することである。
＜2つのセグメンテーション方法＞
　　・大分類・中分類・小分類と階層を持たせる方法
　　・グルーピングせずに完全にフラットに分類する方法
②シーン（Sean）の設定

　マーケティングにおける「シーン」とは、その商材が使われる、または用いられる「利用シーン」のことを指す。この「利用シーン」は一意的に定まるものではなく、時間・場所・目的の影響を強く受ける。つまり「利用シーン」を考えるときには、単に利用される場面だけを考えるのではなく、顧客が想定した「利用シーン」で何を目的としているのか、まで考える必要がある。

③ベネフィット（Benefit）の設定

　ベネフィットを直訳すると、「顧客が、商品（サービス）を購入することで、得られる利益」ということになる。しかしここで言う「利益」とは、その商品（サービス）を購入することにより得られる「恩恵」と言い換えることができる。

　　例）自動車を購入する人にとって、自動車の入手だけが利益（目的）ではなく、
　　　　目的地に早く行けることや、雨の影響を受けずに移動できることなどが「恩恵」と
　　　　なる。

　ベネフィットを考えるとき、顧客は困っていることを回避（改善）するために商品を購入することから、絞り込んだターゲットとシーンにおいて、顧客が困っていることを洗い出すとよい。

④ポジショニング（Positioning）戦略

　ポジショニング戦略とは、市場における商材の立ち位置（ポジショニング）を決めることである。すなわち取り扱う商材（またはサービス）が、ターゲティングしたカテゴリーのなかで、顧客の頭の中で一番始めに思い浮かぶということといえる。

（2）与件

「与件」の意味

　「与件（よけん）」とは、「自分以外の誰かから与えられる事柄」、または「解決されるべき問題のために与えられた事前条件」「踏まえる必要のある情報や障害」を意味する。「与件」を洗い出す理由は大きく 2 つある。1つ目は、事前にリスクを回避するためである。2 つ目としては、物事の後戻りを避け、仕事をスムーズに進めるためである。

（3）外的与件と PEST 分析

　外的与件とは「PEST 分析」に「人口動態分析」と「自然環境分析」を加えたものである。「P（Politics 政治）」は法律・政治（政権）・税制・法規制など、「E（Economy 経済）」は景気・物価・消費動向・経済成長・株価、「S（Society 社会）」は流行・世論・世帯・高齢化など、「T（Technology 技術）」はインフラ・新技術・IT・イノベーションなどを指す。加えて、人口動態・密度・構成などを指す「人口動態」分析、地球温暖化・二酸化炭素・オゾンホールなど「自然環境」分析が必要となってくる。

（4）内的与件

　内的与件としては、自社に直接的に関わる存在 3 つが分析テーマとしてあげられる。1 つ目は「自社分析」。組織・利益率・業界順位などをもとに分析が必要である。次に「競合分析」。競合の強み・弱みを正確に捉える必要がある。最後に「顧客分析」では、自社顧客の構成・傾向・リピート率など随時チェックが欠かせない。

（5）コンセプトとキャッチコピー

①コンセプト

　コンセプトは、辞書によると「概念」または「観念」とあるが、マーケティングで使われるときは、むしろ「テーマ」というほうが近い。言い換えると、パッと聞いて、一瞬でどのようなものか、イメージできる言葉という意味となる。

　具体的な例としては、iPod「1000 曲をポケットに」、日産キューブ「コンパクトな外観と広い室内」、ダイソン「吸引力の落ちない唯一の掃除機」、ワンダモーニングショット「朝専用缶コーヒー」、ウイダーin ゼリー「10 秒チャージ 2 時間キープ」、フェデックス「宅急便を翌日配送で」、スターバックス「家庭でもなく職場でもなく第3の空間」というものがある。

　（ターゲティング・シーン・ベネフィット） x　ポジショニング　x　内的　x　外的

　　= コンセプト（一言でいうと）

②キャッチコピー

　キャッチコピーとは、宣伝や PR のために用いる、「謳い文句」や「煽り文句」のことを指す。したがって、注目や関心、好奇心を喚起する言葉のことで、意外性、刺激性の強い言葉が使用されることが多い。

　コンセプト x　基本スタンス3つの柱　x　具体的な活動（主軸4つ以上）

　　= キャッチコピー（ネーミング）

　※【参考】英語では、advertising slogan

2．特徴と適用分野

（1）特徴

　MMP ワンシート企画書は A4 用紙1枚で作成する、という点が大きな特徴である。それは、森全体を「鳥の目」で一望することを可能とする。全体を見渡すことで、企画実施後の成否の検証を容易にする。またシンプルなフォーマットであるため、修正・追加などの作業の効率化・高速化を図れることも特徴のひとつである。
テーマの設定は「市場の視点」から見た「仮説づくり」から開始されなければならない。

　「MMP ワンシート企画書」は「MMP 戦略シート」（※）の前段階的（プレ）に作成す

ることで、本格的な企画書を起こす手順の強化が図れる。

　（※）MMPツールのひとつ。企画立案にあたり、外部分析～4P戦略までのフォーマットで構成されている。グループとして活用することで、分析の漏れをなくし、実施スケジュールまで検証することができる。

（2）適用分野

　基本的には、利用シーンは規定しない。つまり、どういった場面においても利用可能ということである。具体的には、事業計画や新規商品、商品改良開発（ブラッシュアップ）企画などに利用可能である。例えば、観光事業「コトづくり・場おこし・モノづくり」プロジェクトであれば、災害などの事前対策検討プロジェクト等々、非常に汎用性の高い適用分野での利用が可能である。

例：観光事業「コトづくり・場おこし・モノづくり」プロジェクト

　災害などの、事前対策検討プロジェクト等々、非常に汎用性の高い適用分野での利用が可能である。

3．フォーマットの応用

　この「MMPワンシート企画書」は商品開発からイベント企画まで幅広く活用できる。たとえば商品開発に関してであれば、取り組む製品の周りに存在する様々な事象を「仮説」として設定してゆく。

　上記の分析結果を基に、コンセプトとネーミング、キャッチコピーを考える。

　（1）製品・商品のコンセプトを考える上で、周囲に存在する事象を仮説として設定する。

　・この製品を購入者となるのは誰か？（ターゲット）

　・この製品が使用される状況は何か？（シーン）

　・この製品を購入したことにより、購入者が手に入れることのできる、直接的・間接的メリットはなにか？（ベネフィット）

　（2）次にこの製品・商品に影響を与える諸条件を、外部にあるもの（外的与件）と、内部にあるもの（内的与件）に分けて考える。

　外的与件を考える上では、Politics(政治的要件)、Economy(経済的要件)、Society(社会的要件)、Technology(技術的要件)の4つに、さらにPeople(人口動態要件)、Environment(自然環境的要件)の2つを加えて考えることにより、より顧客像が明確となり、正確な仮設とすることが可能となる。

　また内的与件に関しては、取り巻く環境ではなく、自社内に存在する情報・資料を収集することにより、実施される。

(3)これらの、ターゲット・シーン・ベネフィット、および外的与件・内的与件が設定できたら、具体的な「コンセプト」の作成を行う。

この「コンセプト」作りには、「ターゲット・シーン・ベネフィット」×ポジショニング×外的与件×内的与件という掛け算で考えることにより、わかりやすく、明確な「コンセプト」を作成することができる。

(4)さらに製品・商品開発を進める上で考慮すべき、会社の風土、歴史等々の、自社としての基本的スタンスを、3〜4程度まで絞って設定する。これは数が多いと、ネーミング・キャッチコピーが拡散してしまう事を回避するためである。

(5)また具体的な活動に関しては、基本スタンスとは逆に、4つ以上の主軸で設定することが望ましい。

(6)ここまで揃うと、(3)で述べていると同様にコンセプト×基本的スタンス×具体的な行動という考え方で、ネーミング・キャッチコピーを設定する。

最後は、実施に移すための行動計画策定を行う。これらの行動計画には、
・具体化の方法(プロジェクトの結成〜プロトタイプ制作〜量産)
・実施のための7つの武器の準備
・スケジュール(中・短期計画)
・費用計画(売上、利益、経費、および投資対効果など)
などが含まれる。

製品・商品を企画するためのマーケティング活動には、膨大な時間とヒューマンリソースが必要となるが、A4用紙1枚で表現される「MMP ワンシート企画書」は、企画段階、見直し・追加・修正段階、事後の反省段階等々の各ステップに於いて、コミュニケーションツールとしても協力かつ有効なツールとなる。

4．販売促進としての実践活用

事例1：広告効果を費用対効果で見る

一番右の「具体化の方法」以下について、販売促進の担当者の立場から説明する。

具体的活動の主軸ごと(4つ以上が望ましい)を、5W2Hで作成する。

Why	事業活動からみた目的、ゴールは何か
What	そのためにどういう戦略をとるのか、具体的になにを提供するのか
Who	対象となる利用者は誰で、その人にどのようなメリットがあるのか
Where	戦略実行のためのそれぞれのアクションの実行責任者は誰か、どこの部門か
When	どんなタイミングで何を行い、何を実現するのか
How	どのような方法で活用し、戦略の実行を行うのか
How much	戦略実行のため必要なモノ、コト、サービスを行う予算など

　これは、店舗における「憩いの広場」やサービス施設、メーカーでのメンテナンスサービスなどのサービスが該当する。
　次に「スケジュール」は期間設定=期間計画が重要である。
そして、販売促進担当者は、その企画による費用対効果を求められるが、それは利益と売上の数値で見るのである。

　これを広告で見ると、売上高と広告費の関係で見ることができる。

①売上高と広告費
　売上は、客数×客単価で表すことができる。
　この算式から、
「割引キャンペーン10%引を実施したら、単純に客数はいくらアップさせなければならないか」という答を導くことができる。
②利益高と広告費
　利益高＞広告費　という原則がある。
それは、使った広告費よりも、利益が出ていなければならないためである。
これらは、昨年の「期間利益高　－　本年の期間利益高」という算式で出すこともできる。単純に企業の決算期に合わせるか、その広告を実施した事業の期間に合わせるか、期間設定が重要となってくる。
③イメージ広告
　広告効果をどう見るか、では、集客アップ、売上アップ、は　客数×客単価　の算式で出すことができるが、イメージ広告(CI向上ブランドイメージ、企業イメージ)はその期間では数字で表すことができない。
　あとからアンケートによる企業イメージ調査で検証する。

その広告を打つ前と、打ったあとのアンケート調査を比較してはじめて検証できるので、事前の準備が必要となってくる。

　企業イメージ、企業ブランドに効果があったかどうか、は数字に表れない。とはいっても、企業ブランドが高まったことにより集客がアップし、その結果、売上高も上がり、結果として利益が上がった、ということもある。

　そのため、販促担当者には調査が必須となるが、決算など、公表される数値だけでなく、「費用対効果」からの期間設定など、独自の視点での検証が必要である。

　ここで特に強調しておきたいのは、販売促進の実務は、直接の数字が目に見えなくても、その企業の経営に影響をあたえている、ということである。
　販売促進の企画立案の実務担当者は、販売促進の企画（イベント・キャンペーンなど）立案を行うとともに、その効果検証ができるようにしなければならない、ということである。

　また、売上の実際の数値はいわゆる企業の決算で出てくる数値とは別に、流通業であれば売り場、メーカーであれば工場や配送センター、での日々の動きを把握し、データ化して管理する、という習慣を身につけることができれば、MMPワンシート企画書にフィードバックすることができる。
　それにより、自分が立案した企画の効果検証ができ、さらによりよい企画の提案に結びつけることができるようになる。

事例2：柑橘類「スダチ」のソフトドリンク新規開発

　中規模の飲料メーカーが地域特産の柑橘類果汁を使ったソフトドリンクを新たに開発する例である。MMPワンシート企画書のフォーマットに当てはめて記入していくが、ターゲット、シーン、ベネフィット、ポジショニングはここでは省略する。外的与件と内的与件から思いつくコンセプトを書き出し、選ぶ。
　次に、コンセプトと基本スタンス、そして具体的な活動を想定して、またTSBPも考慮に入れて、キャッチコピーをランダムに考える。ここでは、それぞれの枠内は最終案であるので、最終的なものが記入されている。しかし、作成の途中では、付箋紙やアイデア発想のツールなどを使い、たくさん、自由に書き出し、その中から最終候補を残す。

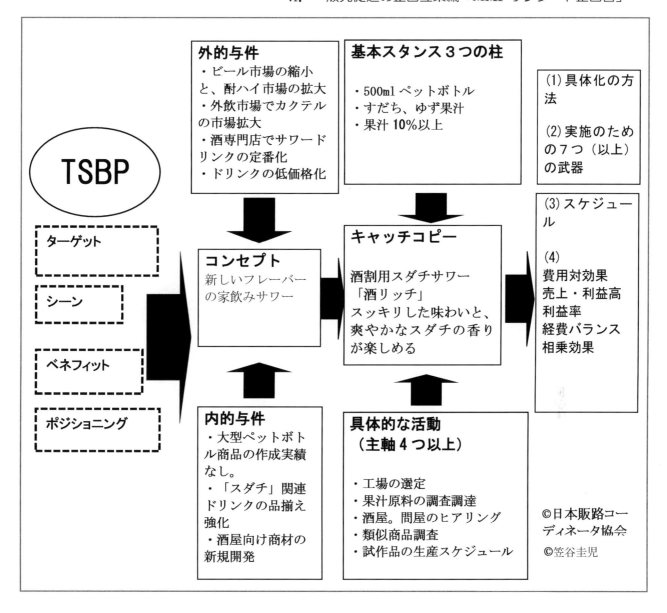

　(1)具体化の方法、(2)実施のための7つ（以上）の武器については、メーカーとして協賛イベントへの出品や小売店への販促援助、などサービスが想定される。

　(3)スケジュールや費用対効果などについては、企業の事情から割愛させていただく。

※参考文献

・企業審査ハンドブック　久保田政純編著　日本経済新聞社

・東京商工リサーチのホームページ

・日本郵政公社のホームページ

・セールスレップの仕組み　江尻　弘・芦田　弘・中村　稔著　中央経済社

・企画書の書き方が面白いほどわかる本　高橋　誠著　中経出版社

・すごい企画書の書き方　岡部　泉・大橋一彦・藤森達夫著　中経出版社

・売れる企画書のつくり方　竹内　謙礼著　日本実業出版社

・地球環境にやさしくなれる本　　（財）省エネルギーセンター監修
　ＰＨＰ研究所編

・品質管理の基本　内田　治著　日本経済新聞社

・生産入門　谷津　進著　日本経済新聞社

・MBAマネジメント・ブック　株式会社グロービス編　ダイヤモンド社

・企業経営入門　遠藤　功著　日経文庫

・計数管理入門　片桐　正　かんき出版

・販売計画の立て方　小山政彦　岩崎剛幸　実業之日本社

・インストア・マーチャンダイジング＜第2版＞　公益財団法人　流通経済研究所　日本経済
　新聞出版

・「コミュニケーション論」林進著（有斐閣）

・「マーケティング・マネジメント」フィリップ・コトラー著（ピアソン・エデュケーション）

・「コミュニケーション力」斎藤孝著（岩波書店）

・「ロジカル・コミュニケーションの技術」西村克己・彼谷浩一郎著（あさ出版）

・「交渉力入門」佐久間賢著（日経新聞社）

・「2006現代用語基礎知識」（自由国民社）

・「マッキンゼー流プレゼンテーションの技術」ジーン・ゼラズニー著（東洋経済新報社）

・「マッキンゼー流プレゼンテーションの図解の技術」ジーン・ゼラズニー著（東洋経済新報社）

・「プロフェッショナル・プレゼンテーション」土井哲・高橋俊介著（東洋経済新報社）

・「説得の技術　ビジネスプレゼンテーション」高橋伸治講演

※「MMP」は日本販路コーディネータ協会の登録商標です。

【編著者】
小塩稲之

　　　　日本販売促進協会会長、（一社）日本販路コーディネータ協会理事長。
　　　　高等学校理事、商工会議所経営相談員、商工会シニアアドバイザーなど、
　　　地方公共団体の商品開発プロデューサーなどを歴任。
　　　　「商品開発学」「観光で見る名産・名物料理　楽しみながら学ぶ旅」「コトづく
　　　り　モノづくり　場おこし学」など、著書多数。

【執筆】
黒田幸代

　　　　日本販売促進協会・プロモーションコーディネーター

【執筆協力】
野々村真生

　　　　（一社）日本販路コーディネータ協会・販路コーディネータ1級

商流・物流・情報流活用のための　プロモーション学

2024年　4月1日　初版発行

編著者——　小塩　稲之／黒田幸代
発行者——　小塩稲之
発行所——　一般社団法人日本販路コーディネータ協会
　　　　　　MMPコミュニケーション
　　　　　　〒115-0055　東京都北区赤羽西1-22-15 大亜コーポ303
　　　　　　TEL 03（5948）6581
　　　　　　https://www.jmmp.jp/mmpc/

ISBN978-4-9913355-2-5
落丁・乱丁はおとりかえします。
PRINTED IN JAPAN